# 应急管理体系建设的理论与实践探析

张岩 著

·北京·

## 内 容 提 要

应急管理是国家治理体系和治理能力的重要组成部分，本书以应急管理的整体发展为着眼点，以体制、机制、法制为主体脉络展开论述，完整系统地介绍了当前应急管理的组织架构、准备网络、法规与预案建设，并从组织、流程等层面对应急管理的发展沿革展开探讨。在此基础上，引入国内外具有典型特性的应急体系建设经验进行分析，并针对当前存在的组织协调和联动、产业发展、专业人才储备等问题展开探索性研究，为积极推进应急管理体系和能力现代化提供参考借鉴。

本书可作为应急管理领域研究人员及实践工作者的参考用书。

**图书在版编目（CIP）数据**

应急管理体系建设的理论与实践探析 / 张岩著. -- 北京 : 中国水利水电出版社, 2024.4（2024.11 重印）
ISBN 978-7-5226-2449-5

Ⅰ. ①应… Ⅱ. ①张… Ⅲ. ①突发事件－公共管理－研究－中国 Ⅳ. ①D630.8

中国国家版本馆CIP数据核字(2024)第090584号

策划编辑：石永峰　责任编辑：张玉玲　加工编辑：刘瑜　封面设计：苏敏

| | |
|---|---|
| 书　名 | 应急管理体系建设的理论与实践探析<br>YINGJI GUANLI TIXI JIANSHE DE LILUN YU SHIJIAN TANXI |
| 作　者 | 张岩　著 |
| 出版发行 | 中国水利水电出版社<br>（北京市海淀区玉渊潭南路 1 号 D 座　100038）<br>网址：www.waterpub.com.cn<br>E-mail：mchannel@263.net（答疑）<br>sales@mwr.gov.cn<br>电话：（010）68545888（营销中心）、82562819（组稿） |
| 经　售 | 北京科水图书销售有限公司<br>电话：（010）68545874、63202643<br>全国各地新华书店和相关出版物销售网点 |
| 排　版 | 北京万水电子信息有限公司 |
| 印　刷 | 三河市德贤弘印务有限公司 |
| 规　格 | 170mm×240mm　16 开本　13.5 印张　204 千字 |
| 版　次 | 2024 年 4 月第 1 版　2024 年 11 月第 2 次印刷 |
| 定　价 | 68.00 元 |

# 前　言

在人类发展的历史长河中，灾难始终如影随形，人类在与灾难的抗争中谋取发展，也在自身的发展和进步中加剧风险挑战和威胁。因此，建立有指导性的理论体系，实行全方位的应急管理成为现代社会的现实需求。

近年来，党和政府高度关注应急管理问题，党的二十大报告指出我国发展进入战略机遇和风险挑战并存、不确定难预料因素增多的时期，要提高防灾减灾救灾和重大突发公共事件处置保障能力，加强国家区域应急力量建设。突发事件的发生和演化既有自然成因，也受到经济、社会因素的影响，其产生和发展态势是复杂多变的。因此，应急管理也必须要在立足于外部环境与自身因素的内嵌框架基础上，保持动态演进，对内能够适应我国现代经济社会发展情势，处理急难险重任务；对外能够立足于全球治理安全维度的普遍问题与症结，符合世界政治经济发展的整体趋势和国际形势。当前，应急管理的变动性、复杂性和艰巨性越来越突出，着力夯实应急管理的基础，具有现实必要性和紧迫性。

应急管理体系是应对突发事件的理念以及相应的体制机制安排，本书从此角度出发，分别从体制、机制、法制层面对应急管理体系进行研究，希望能够较为全面和深入地反映应急管理体系建设的沿革、现状、问题与趋势。

应急管理是一门实践性非常强的学科，本书在编写过程中努力运用理论与实践相结合的方法，尽可能汲取国内外专家学者在应急管理实际工作中所积累的思想，希望能够对应急管理理论研究和实践工作提供一点借鉴和思考。

由于编者水平有限，加之时间仓促，书中难免存在错误和不妥之处，恳请读者批评指正。

编　者

2023 年 7 月

# 目　录

# 绪　论

## 第一节　黑天鹅与灰犀牛：全球突发事件态势与风险

伴随着生产力和生产方式的变化与调整，当今世界在进入高速发展的同时面临着深刻而激烈的变革，高新技术应用及管理中的不确定性、数字化与网络化深入发展、人口全球性流动、生态环境变化等因素强化了各类突发事件的背景复杂性，也影响其爆发频率、规模和传播速率，全球重大突发事件多发、频发，形势异常严峻。

在新的时代背景下，目前突发事件和重大危机挑战主要存在于重大自然灾害、生产安全事故、新发传染病风险、恐怖袭击、核辐射、粮食安全等领域，突发事件的常态化和复杂化对公众的健康、财产造成严重威胁甚至影响到国家和地区经济社会的稳定，需要各国政府强化突发事件有效预防和处置的能力与水平，将突发事件管理作为现代政府的重要职责，从建设应急管理系统、应用新兴技术辅助、加强跨国协调与合作等方面对重大灾害事故实现有计划性的管理，尽可能地降低灾害损失和负面影响，筑牢全球安全防线，保障经济平稳和社会正常运行。

### 一、突发事件变化趋势及特点

#### （一）全球极端天气和重大自然灾害频繁

在全球气候变化的大背景下，各类自然灾害包括山体滑坡、泥石流等地质灾害，风暴潮、海啸等海洋灾害，低温低冻、冰雪、沙尘暴等极端天气，以及洪涝、干旱、森林草原火灾在全球呈多发频发的态势，特别是气候灾害，在近二十年呈急剧上升的趋势。1980—1999 年，全球共发生 4212 起自然灾害，因灾致死人数约 119 万人，32.5 亿人受灾，造成约 1.63 万亿美元的经济损失。而 2000—2019 年，全球重大自然灾难事件纪录达到 7348 项，123 万人因灾致死，42 亿人受灾，经济损失约 2.97 万亿美元。造成这种差异的主要原因是以极端天气为主导的气候类灾害增加。在过去的 20 年中，洪灾的发生数量从 1389 起增至 3254 起，增加了一倍以上，而暴风雨的发生率则从 1457 起增至 2034 起。同时干旱、森林草原火灾和极端温度事件以及包括地震和海啸在内的地球物理事件发生率也不断攀升，例如发生在 2010 年的海地地震（22.25 万人死亡）、横贯 2015—2016 年的印度干旱（3.3 亿人受灾）、2011 年日本“3·11”大地震（The 2011 earthquake of the Pacific coast of Tōhoku）以及由此引发的超级海啸（2100 亿美元损失）等。[1] 2019 年，在全世界范围内发生的对人类生存和生产生活秩序造成威胁和破坏的自然现象接近 400 次，经济损失超千亿美元，波及人次达到 9500 万人次，对全球特别是亚洲造成重大影响，亚洲占灾害事件的 40%，死亡人数的 45%和受灾总人数的 74%。印度是全球受灾最重的国家，死亡人数占全球灾害死亡总人数的近 20%，受影响人口总数的 24.5%。在全球自然灾害中，洪水是最致命的灾害，超过 40%的灾害死亡人数源于洪水灾害，其次是以欧洲热浪为代表的极端天气和暴风雨。而影响人数最多的灾害是风暴，其次是洪水和干旱。

从全球自然灾害影响范围与程度来看，亚洲是遭受灾害事件最多的区域，总体而言，受灾事件排名前 10 位的国家中有 8 个在亚洲。2000—2019 年，亚洲、美洲和非洲是全球突发事件发生频次最高的地区，居于首位的亚洲在近十年间各类灾害事故达到 3000 起以上，超过非洲和美洲的总和。就全球受灾国家而言，因为地处大型且异质的陆块等自然地理因素，并且在危险地区的人口密度相对较高，中国和美国是灾难事件数量最多的国家，其次是印度、菲律宾和印度尼西亚。

---

[1] Human Cost of Disasters (2000—2019).

中国作为世界上自然灾害最为严重的国家之一，处在两大自然灾害带（北半球中纬度自然灾害带和环太平洋自然灾害带）和东亚季风区复合的高自然灾害风险区。地质灾害、气象灾害、洪水灾害等均对我国大部分地区产生重大影响。随着我国经济社会发展和人口增长，大部分城市和人口不可避免地会遭遇各类灾害风险，甚至面临高烈度地震、特大洪水等重大自然灾害的威胁。据相关研究机构统计，在直接造成人员伤亡的 9 大类自然灾害中，我国有 3 种居于全球首位，分别是滑坡、热带气旋和寒潮。

20 世纪，我国共发生 7 级以上地震 72 次，超过 6 级的强震侵袭过全国 28 个省份，且我国地震灾害发生概率高（约占世界总数的三分之一）、破坏性强、死亡人数多，全球地震灾害遇难者半数在我国，因地貌类型丰富及部分人为因素影响，我国大部分地区受到地质灾害的严重威胁，特别是地震灾害，超过 20 条地震带几乎囊括全国三分之二以上的人口密集的重要城市；而在我国经济较为发达富庶的沿江沿海地区，受到季风和水土流失的影响，洪涝灾害复杂严峻，东南沿海更受到台风或热带风暴破坏的威胁，广东、福建、浙江等省损失严重。我国的自然灾害仍然处于易发高发期，据应急管理部公布数据，2022 年各类自然灾害共造成全国近 1.12 亿人次受灾，直接经济损失超过 2300 亿元，对基础设施和农业发展造成严重破坏，影响农作物范围近 12000 万公顷。洪涝、干旱、风雹、地震和地质灾害仍然是影响我国的主要灾害。[1]

### （二）工业化、城镇化、全球化等进程加速，事故灾难破坏性凸显

城镇化、工业化步伐的加快以及现代科技飞跃式发展在释放新动能、点亮美好生活的同时也使得人类社会在生产经营活动中会受到更多种安全风险的威胁，公共基础设施、自然地理环境更容易遭遇破坏或污染，意外事故的侵扰越发频繁。与自然灾害相比，事故灾难影响范围相对较小，但其发生率快速增长的趋势以及较强的破坏性，对经济发展、社会稳定、公众安全和环境都造成极

[1] 《应急管理部公布 2022 年全国十大自然灾害》，应急管理部网站。

大的威胁。

以中国为例，伴随着社会的快速发展和经济的活跃，虽然我国政府高度重视生产安全事故的预防和处置，在减少事故频次、降低事故损失方面取得了前所未有的成效，但事故灾难的复杂性、高发性、结构性以及强破坏性仍然需要高度重视，事故灾难的严峻形势尚未得到根本改观。火灾方面，当前我国建筑“高低大化”发展趋势明显，现有城市高层建筑超过 60 万栋，地下工程开发使用超过千万平方米，10 万平方米以上的大型综合体伴随着各地经济社会的快速发展陆续增加。“高低大化”设施救援难度高，是国际性难题，2008—2018 年，我国火灾数量增加 0.7 倍，火灾直接财产损失增加了 2.2 倍。交通事故方面，当前我国高速公路公里数、全国机动车保有量、驾驶员数量显著增长，公路、地铁等人口流动的数量与频次加快，客运量超过 100 亿人次，因此交通事故造成的人员和财产损失触目惊心。安全生产方面，建筑工地、井下作业、危化品运输等高风险行业事故频发；超长度的管道等基础设施也增加了事故风险等。复杂的安全情势对我们的城市规划、事故预警、应急救援、安全培训都提出了更高的要求，需要继续统筹安全与发展，应对严峻挑战。

### （三）传染病暴发且跨域传播的风险增加

伴随着全球化的推进，生态变迁与人口流动为传染性疾病的暴发和全球扩散提供了条件，全球法定报告传染病、突发急性传染病风险不断增大，加之生物技术的发展以及生物安全风险防控能力不足，公共卫生风险越来越难以控制。在人类发展史中，疟疾、结核病、霍乱、麻疹和艾滋病毒等传染病一直是世界人口最大的杀手，特别是非洲地区传染病防治仍然远远落后于全球平均水平，2000 年以来，全球艾滋病毒，结核病和疟疾的发病率有所下降，但仍构成主要威胁，同时，欧洲和地中海东部的艾滋病毒发病率呈上升趋势。

除了这些常见传染病以外，难以预料的新发传染病疫情近年也呈频繁暴发之势，诸如对全球造成严重健康威胁的 SARS、埃博拉出血热、寨卡病毒、人感染高致病性禽流感等重大新发突发传染病。传染病引发的危机涉及全球经济、政治、环境和公民健康，在跨地区扩散的重大传染病疫情中，几乎没有国家可以保障绝对的安全。世界卫生组织统计显示，全球至少有超过 18000 人因感染甲型 H1N1 流感死亡。全球化背景下，国际社会在公共卫生领域的利益共性和整体性不断凸显，需要全球性的合作，以形成抗击疫情的合力。

### （四）科技、信息等新型风险影响安全和稳定

新形式的安全威胁和风险正不断滋生、扩散和叠加。包括在经济金融、生态环境、科技、能源等领域内的非传统安全问题逐渐受到各国的重视，此类安全问题往往缺少可参考的发展规律和演进过程，历来是各种“黑天鹅”“灰犀牛”事件的高发领域，也成为新时期影响全球公共安全的突出因素。

以我国为例，伴随着信息技术的飞跃式发展以及与经济社会的融合，技术“双刃剑”特性日益突出，互联网安全风险对我国经济社会的影响日趋深远。移动互联网恶意程序、安全漏洞、网站仿冒篡改以及由此产生的数据泄露、金融诈骗、云平台和工业平台安全风险等成为当前面临的主要问题，呈显著增长趋势。国家互联网应急中心（National Internet Emergency，CNCERT）2021 年发布的统计数据显示，2021 年上半年，我国约 7.8%的 IP 地址受到恶意程序攻击，总数超过 3000 万个；政府机构、重要信息系统等发生网络安全漏洞事件近 1.8 万起；各种网站被仿冒的页面超过 1 万个。此类风险波及范围广、影响大，对政府机构、企业、公民个人造成难以挽回的损失。CNCERT 监测到我国包括煤炭、石油、电力、城市轨道交通等重点行业涉及企业管理、政府监管、工业云平台等存在高危漏洞，持续受到网络攻击，其中接近 70%涉及企业生产和经营。同时，金融、舆情管控等衍生风险也呈上升态势。如在金融经济领域，从 2012 年到 2018 年，我国网络诈骗的人均损失直线上升，不法分子还通过仿冒金融、电信机构网站，特别是农村基层地区相关机构网站页面，盗取公民个人信息以及账户资金，对经济社会稳定形成潜在威胁。[1]

[1] 《2021 年上半年我国互联网网络安全监测数据分析报告》，国家互联网应急中心网站。

## 二、影响突发事件变化的主要因素

### （一）全球生态环境问题突出

工业革命以来，以农业、建筑、电力、工业和运输为主要排放源的温室气体使世界变暖的速度超出预期，对全球生态环境系统产生明显影响。科学家预测，到2050年，相对于工业化之前的水平，地球将至少变暖1.5摄氏度。气候变化的频率、强度、持续时间和位置都在不断增加，飓风、旋风、风暴或暴雨等极端天气以及其导致的滑坡或洪水将在未来严重威胁经济社会发展、自然生态甚至人类自身生存。在全球气候变暖的趋势之下，极端天气事件以及受其影响的区域的强度和频率在不断增加，撒哈拉以南非洲是受气候变化影响最大的地区之一，特别是2019年，极端天气肆虐非洲，影响的非洲人口数量较2018年增加195%，整个非洲大陆共发生89场包括大风暴在内的气候灾难，影响超过450万人，造成1300人死亡。世界银行2018年报告预测，到2050年，撒哈拉以南非洲地区将有8600万内部气候移民。随着全球气候变化的进一步持续和加剧，海水变暖和水位上升会导致盐水入侵，沿海侵蚀，洪水泛滥以及对生态系统和基础设施的破坏；海洋酸化会改变海洋生态系统，以渔业捕捞和水产养殖为生的人群将面临经济收入与职业的严峻考验；同时平均温度的升高造成的极端高温、降雨和干旱也会加剧土壤质量恶化和供水压力，自然灾害总量和重特大自然灾害呈现上升趋势。人类活动范围扩大、工业化推进和全球人口频繁交流造成的生态系统变化会诱发干旱、荒漠化、盐碱化、海洋酸化、冰川退缩等，以及导致某些生物种类的灭绝。自然环境的变化将给社会、经济带来压力，由于环境退化和污染的威胁以及人口增长，对资源需求的压力与日俱增，可能加剧脆弱的局势。在治理不善或存在紧张局势的地区，日益严重的稀缺性资源和竞争可能升级为冲突，反过来冲突又增加了应对气候变化危害的脆弱性。

### （二）科技发展与生产方式转变

伴随科学知识的高速发展和生产技术的不断革新改进，科技更加广泛渗透扩散到社会生产中，互联网、大数据、人工智能、材料科学等前沿科技带来人类社会的巨大进步，并向现实生产力转化，加速了人类文明的变革演化。

但是科学技术的革新及应用在发挥巨大的推动作用的同时，也产生潜在的风险与挑战，科技伦理问题、非传统安全问题、对环境资源造成的不可逆转危害等等可能很难控制。科学技术的发展与革新对经济社会的发展与变革既有促进作用又存在制衡的特性，一方面现代社会的生产、生活、公共安全都依赖于新技术，民航、交通、能源、通信、电力、智慧城市等关键系统和关键基础设施都与移动通信、量子科技等新技术的安全发展紧密融合，个体得到最大限度的解放，人与人之间的沟通更加便捷；另一方面对新技术的组织管理、政策法规、安全保障提出了全新的要求，一旦新技术失去控制或被不正当利用，将会破坏整个社会的秩序。而从灾害事故管理角度，其影响也是多方面的：从有利的角度来看，可以有效解决管理过程中的基础性信息掣肘问题，缓解因突发事件中的不确定性和紧急性造成的信息真空，有效提升风险源的监测和探知能力，同时可以为应急决策提供精准和高价值的信息，增强管理过程的精细化程度、编织社会共同参与的网络；从不利的角度来看，新技术的应用为渗透破坏行为提供了新的途径与手段，同时也加快事故的传播速度，扩大了信息扩散范围。

### （三）国家间交流互动频繁

伴随势不可挡的全球化浪潮与后工业时代的来临，突发事件呈现出明显的跨地域、跨领域、跨区域传播的特点，网络信息、商业合作、大规模的人口迁徙、全球化的交通运输网络等渠道造成风险的迅速传播，甚至会在不同领域引发安全危机。如重大突发性新型传染病，不可避免地会在跨地区的人员往来和物品流动中经由四通八达的国际航线、商贸物流等迅速波及多个国家和地区，在全世界范围内引发严重的安全威胁。同时，基于资金、技术、人员、信息等的相互关联，拥有全球影响力的大城市在遭遇灾难性事故时，其对经济金融体系的冲击不仅影响本国，甚至可能辐射全球。正如 Munich Re 所阐述的，在现代社会，如果重大的灾难性事件发生在大城市中，那么其破坏性扩散的范围将可能覆盖全国乃至世界。[1]在全球化的时代，人类是一个休戚与共的命运共同体，伴随着国家间依存程度的不断提高，各国已经成为难以分割的风险共同体，当前重大灾害形成的灾害链和灾害群对交通运输、通信、能源、公共卫生等社会关键资源的冲击以及对各国公共行政能力和经济社会稳定带来的风险明显加剧，每个国家都不可能独善其身，需要建立国际防灾减灾体系，在技术、资源、信息等方面通力合作。

### （四）社会结构的转型调整

当前，社会结构正在发生强烈的变化，社会组织、成员身份、政府角色、社会生活方式、社会主体价值观等面临全面转型，其中机遇和挑战相耦合，造成广泛而深刻的影响。

世界人口的规模、构成及分布发生变化，联合国 2019 年发布的《世界人口展望》报告证实，世界人口正在老龄化，人口规模减小的国家数量也在增加。劳动年龄人口比例下降对经济绩效与劳动力市场、家庭结构和代际关系产生了重要的潜在影响，同时医疗、养老金和社会保护的公共体系面临巨大的财政压力。在资本全球化、集中化、效率最大化的推动下，资源被高度集中，导致系统在面对重大灾害性事件时呈现高度脆弱性。同时，全球化中的掠夺与干涉行为可能致使发展中国家和发达国家的不平等现象日益严重，并加剧分歧，对经济社会发展产生制约和抑制。技术创新、城市化和国际移徙同样加剧国家间、地区间的人均收入的不平衡，革命性的技术突破为熟练工人和可以提高技能的工人带来了福音，也给常规劳动密集型的低技能和中技能工人造成了损失，尽管数字创新和人工智能等新技术创造了巨大机会，但也导致了新的“数字化”分裂：发达国家中绝大部分人可以使用互联网，而发展中国家这一比例与之相比非常低。经济动荡、不平等加剧和工作不安全感加剧以及收入差距和机会的缺乏正在造成代际之间不平等，可能对特定区域的产业发展和社会稳定造成冲击，进而出现大规模的移民流、犯罪活动甚至恐怖活动。

---

[1] Munich Re. Topics2000:Natural Catastrophes-The Current Position. Munich Re Group, 2000.

# 第二节 应急管理的内涵与边界

## 一、应急管理的内涵

伴随着突发事件的密集性爆发及连锁式传播，公众对于应急管理的理解日趋深入，国家的管理体系也在不断调整和完善，并成为政府管理和学术研究的热点问题。在对灾难的应对和探索中，逐渐形成了应急管理这一专门的科学，对突发事件进行理论研究和实践探索。应急管理（emergency management）一词中，emergency 可以界定为一个突然发生、需要立即行动加以处理的严重危险事件或情境，释义为“突发事件”“紧急状态”。[1] 1979 年美国联邦应急管理署（Fedearal Emergency Management Agency，FEMA）成立以后，应急管理一词开始在世界范围内传播。美国国土安全部《术语》词典（2017）将应急管理界定为针对任何原因造成的风险，协调和整合所有必要的活动，以建立、维持和提高准备、应对、恢复或减轻风险威胁或遭受灾害损失的能力，其过程包括预防、应对与恢复，具体包含危害和风险识别、战略计划、操作计划、恢复计划、危害缓解，信息发布与公共教育、财政与行政等。以减少灾害对其公民、企业和经济的影响。

我国采用了“突发事件”这一表述并将其界定为针对各类突发事件而开展的管理活动，其目的是从频率和破坏性上控制突发事件，维护国家安全和社会稳定。格局是强调党委领导、政府负责、社会协同、公众参与，既坚持党对应急管理工作的全面领导，又强调市场、社会、公民等多元利益主体的协同治理。特别是在迈向后工业社会、推动高质量发展的进程中，公共安全治理承担着治理系统性风险的重要职责与使命，一方面要坚持以党的领导总揽全局，在推进突发事件全过程管理和安全治理能力建设中强化党的领导，有效掌控局势，统筹发展和安全；

---

[1] 王宏伟：《健全应急管理体系探析：从制度优势到治理效能》，应急管理出版社，2020，第 14 页。

另一方面要不断完善其他社会主体有效参与应急管理的相关制度安排，积极吸纳企业、非政府组织、公民形成应急安全联防合力，以有效应对常规突发事件与非常规突发事件相互耦合的复杂形势。

应急管理的对象是指可能发生及已经发生的各类突发事件。国际上将突发事件按照致灾因子（hazard）分为四大类：自然、技术、生物、人为，我国参考此四类致灾因子并结合本国社会环境、语言文化等因素，在《中华人民共和国突发事件应对法（实用版）》（以下简称《突发事件应对法》）中将突发事件划分为“自然灾害、事故灾难、公共卫生事件和社会安全事件”[1]，并对其危害性和亟须干预性给予法律层面的界定。随着突发事件的常态化、复杂化以及伴随时代、社会发展产生的新兴风险蔓延，应急管理的范围也在进行动态调整与演进。资源、劳动力、资本和技术等方面的风险激增，产能过剩、能源、粮食、耕地、水资源、人口结构与就业、金融风险、区域平衡，以及人工智能、基因编辑等新技术开发与应用等风险点对应急管理工作提出全新的要求与挑战，2015 年《中华人民共和国国家安全法》（以下简称《国家安全法》）将太空安全、极地安全、深海安全、生物安全纳入到国家安全体系当中，形成“12+4”的基本框架，对我国政治、军事、经济、社会、科技、信息等方面安全进行全方位的界定。

从动态过程的角度来看，在对应急管理形成规律性认识的过程中，在预防为主这一基础性原则的指导下，《突发事件应对法》从法律层面划分“预防与应急准备、监测与预警、应急处置与救援、事后恢复与重建等应对活动”[2]，以前后交叠衔接的过程清晰体现风险演化的全流程，识别风险、控制风险、阻断风险传播，成为重中之重的问题。2016 年出台的《关于推进防灾减灾救灾体制机制改革的意见》明确指出，“坚持常态减灾和非常态救灾相统一，努力实现从注重灾后救助向注重灾前预防转变。”2018 年中华人民共和国应急管理部（以下简称应急管理部）的成立更加推进了管理常态化的系统性改革，包括完善应急预案体系，建立突发

[1] 《中华人民共和国突发事件应对法》第三条。

[2] 《中华人民共和国突发事件应对法》第二条。

事件监测、预警及信息报告制度、应急演练以及规范应急社会动员等在内的应急风险机制管理，有助于应急管理体系的升级换代，有效保障人民群众安全，建立政府的公共信任感，促进社会和谐。

## 二、应急管理的责任与作用

在现代化的进程中，自然灾害的增加，新发传染病的流行，人口、资源、环境、经济、社会等各种矛盾交错的负面冲击，直接威胁到全社会的利益与公共秩序。特别是当前，我国正处于经济快速发展期与突发事件多发易发期“双期”叠加的阶段，应急管理作为有效的非常态管理，致力于确保人民群众生命财产安全、社会平衡状态和有序运行，致力于维护国家安全。在预防、监测、处置、恢复的环环相扣的动态闭环过程中，可以根据实践不断完善相关制度、环境和技术，对冲和消弭负面影响，构建紧密相连的良性循环圈。

### （一）增强忧患意识，防患于未然

从古至今，国内外关于危机防范意识的探讨从未停止，我国古代哲学家王弼在《老子指略》中指出，“谋之于未兆，为之于未始。”《左传》有言，“天灾流行，国家代有，救灾恤邻，道也。”中国古代形成了应对灾难的丰富经验与智慧。Osborne.D 和 Gaebler.T 提出“有预见性的政府”，指出政府的重心在于防范而不是处置风险。伴随着科技、社会的发展以及大范围的人口流动和迁徙，传统安全与非传统安全的风险相互交错，可预见和难以预见的“黑天鹅”与“灰犀牛”事件屡次发生。世界面临百年未有之大变局，突发事件的风险关系到主权、安全、发展、稳定的问题。因此，应急管理就承担着从突发事件中不断学习、牢固树立安全发展理念的职责与作用：改变重发展、轻安全的错误思维，将举国救灾变成全民防灾；从源头抓起，正视风险、化解风险，通过提升政府与公众的风险感知能力、推动全社会的公共安全学习，达到风险与应急一体化，从而从源头防范与消减危机带来的损失与负面影响。

### （二）快速反应，科学合理

应急管理的科学发展和规律性认识使新时期应急管理逐步向科学精准化、全灾种、全过程的管理形态演进。面对灾害的高破坏性、决策的高结果性与不确定性，应急管理职能运行体系的发展将更趋向于科学合理、权责对等、履职到位，通过标准化的先期处置、快速评估、应急决策等应急管理流程有效减少突发事件的直接损失和衍生影响。现阶段，借助大数据技术的兴起与创新，应急管理决策与处置过程中的信息掣肘问题正在逐渐解决，数据经由可视化以及 GIS 等技术可以有效呈现灾情基本数据，并通过交叉复现、模糊推演等进行整合，统一监控、滚动排查、及时预警、综合权衡，预测可能的决策及结果，逐渐达到精准的前馈式管理模式。同时，应急管理的科学发展也在突发事件应对中构建起了多主体社会责任的框架，一方面，应急管理强调社会力量的参与，社会组织、企业、公民的力量得以有效发挥。政府通过经济政策扶持、教育培训、联合演练等模式充分动员和组织社会力量，强化其参与应急管理的有效性与有序性，充分发挥其亲民性和灵活性的特点，满足突发事件对应急管理的差异化需求；另一方面，应急管理的发展更加注重强化区域间的协调合作，推动区域间围绕公共安全的共同目标推动资源与信息共享、应急协调联动，以应对当前突发事件跨域传播的特点。

### （三）事后总结，吸取经验教训

突发事件在给我们带来损失、带来伤痛、带来教训的同时，也一直是改革的契机，是推动制度的变迁的最大动力。因为只有在风险当中、在突发事件当中，缺陷和问题才能够更直接地暴露出来进而引起关注，推动管理的完善和制度的优化。从我国构建现代应急管理体系开始，几乎每一次的重特大突发事件，都促进了制度和技术的创新。我国《突发事件应对法》和《国家总体应急预案》作为突发事件管理纲领性法律法规和政策文件，从总体上对于突发事件的调查学习进行原则性规定，要求针对突发事件的发生原因、应对过程等进行独立、客观、规范、公正的评估及问责。一方面要求政府作为维护社会公共安全的核心支柱性主体，要认真汲取事故教训，夯实责任、补齐短板、堵塞漏洞，另一方面通过解析当前管理体系在突发事件应对过程中的制度疏漏，及时调整和改进工作，做好经常性的工作准备，提升应急精准决策的能力、公共安全的意识和应急处置能力。

## 三、应急管理的特点

人类在与灾难的抗争中谋取发展，建立有指导性的理论体系，实行全方位的应急管理成为现代社会的现实需求。应急管理与人类社会的政治、经济、社会结构等紧密相关的演变轨迹与逻辑使各领域学者从管理学、社会学、政治学、法律、自然科学、国际关系、心理学、传播学等诸多视角对其进行研究与完善，并总结出其特点，主要体现在以下四个方面。

### （一）综合性

应急管理是在对既有突发事件的应对经验以及本国基本国情进行梳理，概括和提炼后形成的一整套紧密相关、带有规律性的体制、机制和法律法规体系。应急管理作为一个动态演进过程，其目标就是要防止风险阈值被突破，降低灾害损失。随着当前公共安全风险的跨区域、复杂式、跨界式发展，其管理的综合性特点也逐渐明晰，国内外应急管理发展趋势都是由单一灾种应对走向多灾种综合管理。这意味着在管理过程中需要指令畅行、沟通有效、权责配置明晰，能够以一个强有力的指挥机构为协调中枢，整合各部门的专业优势，形成综合优势，通过机构职能的优化，改善部门之间、条块之间的职责交叉、边界模糊、权责不对等问题，形成有统有分、有主有次的应急管理工作机制。因此我国当前的应急管理改革，首要是坚持党的全面领导，充分发挥强大的执行力、组织力和国家动员力，破除体制机制弊端，改变粗放的治理模式，持续推进管理的改革和创新，充分发挥社会主义制度的显著优势，构建具有中国特色的、综合性、全方位的新时代治理体系。

### （二）全程性

传统的灾害应对是一种被动的应对和滞后的管理，是在灾害发生之后才开始响应与处置，而应急管理则提倡全过程的管理，以更加经济、安全、合理、有效的组织管理过程，从风险管控开始，通过识别、评估、规避、减缓和转移，防止风险突破阈值，演化成渐发的突发事件。应急管理的全程性也推动其成为常态化、确定化的管理行为，一方面要对可能存在的安全风险实行动态化的持续监测、控制，按照发展态势精准施策；另一方面要做好突发事件发生前的常态化应急准备，包括人财物在内的资源准备、全民性的安全文化培育和公共安全意识培养、不断优化突发事件应对的制度设计等，以保障在突发事件应对中的组织应对高效、机构职能优化、多元主体协调、信息沟通畅达。

**（三）应急手段多样性**

公共安全的严峻复杂形势要求应急管理必须要充分发挥社会力量，以群防群治的无边界性来应对当前突发事件跨地域、跨领域的发展和流动性的传播，进而推动应急手段的多样化。从灾情处置到管理，逐步演变为目前的治理，公共安全中政府主导、跨界协作、全民参与的制度建设不断完善，特别是在应对复杂的重特大突发事件中，党组织和政府发挥政治优势和组织优势与社会力量进行有效合作，可以弥补政府纤维状组织的灵活性、创新性不足问题，同时可以打破科层制的壁垒、降低试错成本，形成一方有难、八方支援的局面。当前，公益性与志愿性的专业社会组织在应急救援、灾后重建、应急沟通与心理疏导等方面发挥着重要作用，同时也积极参与到日常应急文化的宣传、培训、科普中，而市场力量的参与则为突发事件从预防到处置再到恢复重建阶段提供更多样化且有针对性的产品和服务，是应急过程中重要的资金来源和保障之一，特别是巨灾保险产品的完善，将对防灾减灾发挥巨大作用。

**（四）不确定性**

突发事件的突发性和多变性导致应急管理的不确定性，需要政府部门在极短的时间内迅速、有效地处置，否则突发事件就可能持续升级直至失控，甚至成为阻碍社会经济发展的顽瘴痼疾。在突发事件的特殊紧迫状态下，对于管理者、管理技术与管理制度都有更高的要求。管理者需要在情况不明、资源有限的情况下对突发事件的发展趋势进行精准的预测和研判，并在可能面临的信息模糊的状况下进行应急决策、精心安排部署；管理制度要保障在应急资源调度上的合理性、在应急工作程序上的科学性，做到应急决策执行到位、应急处置流程畅通、应急指挥统一高效、应急信息开放敏捷，同时要特别注意在应急管理中的信息联动共享，统一的应急信息上报及共享平台是必要的，以避免突发事件处置特别是紧急救援中信息碎片化影响决策的精准性。而管理技术方面要努力向技术辅助应急决策的方向努力，运用卫星遥感、大数据、人工智能、生命科学、生物技术等科技赋能，推动应急管理的科学化、精细化、智能化发展，以降低失控的风险性。

## 第三节　应急管理体系的内部结构

随着对公共安全风险不断进行的理论研究和实践探索，针对突发事件风险所进行的行为逐渐被界定为应急管理，在世界范围内传播并形成专门的科学。在新的发展阶段，公共安全治理成为对应急管理的本质界定，而对于应急管理体系的结构分析，也通常分为应急管理体制、应急管理机制、应急管理法制的研究。

### 一、应急管理体制

应急管理体制是指在降低风险隐患、创造良善公共安全环境、有效处置突发事件中形成的组织结构，其中体是指实体的工作组织机构，制是组织机构合理运行的方法与规则。❶

#### （一）突发事件应对法对应急管理体制的规定

在法律层面上，应急管理体制被定义为：“统一领导、综合协调、分类管理、分级负责、属地管理为主”。

1. 统一领导

我国法律在对应急管理行动的相关规定中，既明确了地方政府对本行政区域

---

❶ 杨月巧：《新应急管理概论》，北京大学出版社，2020，第 34 页。

内的应急决策指挥权责，同时也明确了在超出本级政府应急能力范围内的灾害事故中要根据实际情况由上级政府统一领导。所以应急管理的统一领导权是在坚持党的集中领导下，对管理的决策核心进行划定，表现为以一定责任为前提的决策指挥权和部门协调权，以满足突发事件处置中在紧急情况下快速决策、层层落实、指令畅达的管理权相对集中的需求，以高度集中的注意力与资源抵御各类灾害事故的侵袭和破坏。统一领导还体现在构建从中央到地方的纵向应急管理系统，国务院是最高级别行政领导机关，负责全国层面上的统筹负责工作，地方各级政府在国务院领导下负责本区域内应急管理具体工作。在我国现行的治理体系与制度运行系统中，应急管理的统一领导要着重解决集权与分权的问题，理顺从中央到地方各层级的统一领导与属地管理的关系、政治权力与行政权力的关系、行政层面与技术层面的关系。

2. 综合协调

综合协调即为共同的公共安全目标而形成的合作关系。应急管理的综合协调可分为三大类别：一是从纵向角度上，表现为相关政府各部门的内部协调以及不同层级政府之间的协调，其作用是打破各部门之间的结构局限和壁垒，充分发挥不同职能机构在应急管理中的效能；二是从横向角度上，表现为政府对其他应急力量包括武装力量、企业、社会组织和公民个人的综合协调，勠力同心应对高度复杂性与破坏性的突发事件，以有序、有效的参与发展应急管理中的伙伴关系；三是从日常管理的角度，各级应急管理办事机构根据职责所进行的日常协调。[1]综合协调的特性是以降低行政成本为目标，力求在管理中协调组织和凝聚更广泛的力量、发挥多元性优势，建立有效监督、互助互勉的群体，在突发事件发生后能够系统有序地迅速实现从平时到战时的转变。

3. 分类管理

分类管理是依照我国相关法律、法规对突发事件类别的划分并结合相关部门

---

[1] 闪淳昌、薛澜：《应急管理概论：理论与实践》，高等教育出版社，2018，第 107 页。

的工作职能，在应急管理从发现识别风险到处置和恢复的全流程中明晰各部门的职责和响应程序，通过细化各部门之间的分工确保各司其职，提升管理过程的专业化、精细化和有效性。但是在分类管理过程中，容易出现条块分割、部门职责交叉地带监管空缺、各部门协调配合不足的问题。而伴随着突发事件跨界性、综合性的发展变化，重大突发事故可能会涉及如运输、消防、安监、卫生等多个部门，条块分割式的管理往往导致信息分离、管理脱节、步调不一。在此背景下，2018 年我国顺应应急管理发展的客观需求进行重大变革，组建应急管理部，实现应急管理部门由虚到实的转变，统筹两大类事件的管理，推进职能优先、完整统一、权责一致的管理方式，是应急管理体系的重要创新、优化和整合。

4. 分级负责

分级负责主要是指根据突发事件的范围和严重程度等确定不同层级政府在应急管理中的不同责任。我国惯例将突发事件分为特别重大、重大、较大、一般四个级别。通常情况下，一般级别和较大级别的，由突发事件发生地的县级市级人民政府负责应急响应和处置工作；重大级别和特别重大级别的，由突发事件发生地的省级人民政府负责应急响应和处置工作；对于特别重大、地方政府无法妥善处置，或者影响范围广、跨省级行政区划的，由中央政府负责相关应急工作。根据分级负责的要求，地方政府在负责领导突发事件的应急响应与处置工作中如果不能及时控制突发事件的规模和传播、有效制止或减缓破坏和负面影响的，应当及时向上级政府报告。上级政府要按照情况需求给予人力、财力、应急物资储备和技术指导。

5. 属地管理

属地管理为主是构建以突发事件发生地区党委和政府为主的领导责任制。根据该原则，除特殊的应急工作如金融、核事故等特定类别突发事件以及超出所在地政府管理能力及范围的突发事件以外，突发事件由发生地区所在的县级以上地方人民政府负责应急响应与处置工作。属地管理为主原则的初衷是针对突发事件的突发性、紧迫性和快速传播扩散的特点，充分发挥基层政府的前沿前线优势，在生产生活的基层及时识别和处置风险，迅速有效阻断风险进路，以快制快减少损失。同时以属地管理为主有利于充分获取突发事件相关信息、理解公众需求，有效降低行政成本。但是属地管理原则在实施过程中既有放权赋能的优势，又存在责任转嫁等风险，属地管理的上下级之间、条块之间的责任不够明晰，层级界限模糊，存在权责不一致、层层加码的现象，需要认真地监督考核，对权责细化、量化，才能实现责任分明、有序运转。

### （二）新时期应急管理的体制变化

2018 年，党的十九届三中全会审议通过《深化党和国家机构改革方案》，将我国应急管理体制建设定位为“推动形成统一指挥、专常兼备、反应灵敏、上下联动、平战结合的中国特色应急管理体制”。[❶] 2019 年，党的十九届四中全会审议通过《中共中央关于坚持和完善中国特色社会主义制度 推进国家治理体系和治理能力现代化若干重大问题的决定》，删除“平战结合”4 个字，指出要“构建统一指挥、专常兼备、反应灵敏、上下联动的应急管理体制”。[❷]与 2007 年颁布的《突发事件应对法》相比，对相关体制的表述体现出重要且明显的变革讯息，基于突发事件的演化趋势、当前经济社会发展改革的浪潮以及我国多年来应急管理的经验，在多重因素影响和推动下，形成统一、高效、综合的“共治型”应急管理体系。在最新的表述中，未提及“综合协调”“分类管理”“分级负责”“属地管理”，原因在于以下两点。

首先，在原有应急管理体制下，应急管理的工作组织机构应急管理办公室承担的是应急综合协调职能，并不负责突发事件的具体处置工作，而在 2018 年政府机构改革之后，新组建的应急管理部门实行包括应急准备、应急处置、恢复善后、物资储备在内的全过程管理，是一个常态化的、具有实操性和具体业务的部门，

---

❶ 中共中央印发《深化党和国家机构改革方案》，中共中央人民政府网站。

❷ 《中共中央关于坚持和完善中国特色社会主义制度 推进国家治理体系和治理能力现代化若干重大问题的决定》(2019 年 10 月 31 日中国共产党第十九届中央委员会第四次全体会议通过)，中央人民政府网站。

因此“综合协调”的表述已不再准确。

其次，当前随着我国的现代化进程推进、国际环境影响、高新技术应用、社会转型调整、生态环境变化等外部环境与内部关系的剧烈变动，新时期的突发事件也不断发生新的变化，风险隐患错综复杂，突发事件多样化、复合化和高破坏性的趋势明显。群发性的突发事件往往会超出政府的部门边界和层级边界，传统的管理方式捉襟见肘，过度分工导致的碎片化问题显现，流程通畅的高效协同成为应急管理体制的新要求，这使得“分类管理”“分级负责”不再适合其体制的特征。同时，在新的表述中也去除了“属地管理为主”，这并非代表属地管理不重要，而是当前突发事件跨区域和国际化的趋势明显，传播及影响速度和范围极大，往往会迅速超出所属地范围，属地管理中的条块分割容易出现监管盲区。

因此我们可以看到，在经历了 2003 年“非典（SARS 病毒）”疫情之后构建的应急管理体制是具备显著优势的，形成了抵御突发事件较为坚固的防线，但同时其也存在不明确、不规范、不适应客观发展形势的缺点。在新的历史时期和发展阶段，结合社会自身以及外部环境的发展变化，为适应突发事件高度复杂性和不确定性的严峻态势，我国大胆又审慎地对应急管理相关体制特征进行了新的界定，体现出对这一重大问题的高度政治视野。[1]

## 二、应急管理机制

应急管理机制是指通过科学的调查研究，紧密结合和凝练突发事件的全过程应对经验，根据相关法律法规和部门规章，按照突发事件发生发展变化的生命周期，涵盖事前、事发、事中和事后的各种规范化的步骤、手段、程序和处理方法。应急管理机制受体制的指导，同时也通过机制的不断调整与发展建设对体制建设形成有益补充，为体制的发展查缺补漏，以适应新时期突发事件复杂性与防控难度加大的特点。在应急管理的全过程中涵盖风险预判、决策、宣教、会商研判、

[1] 王宏伟：《健全应急管理体系探析：从制度优势到治理效能》，应急管理出版社，2020，第 54-64 页。

组织指挥、协调联动、舆论引导、信息资源整合共享、恢复重建、心理救援、救助补偿、 责任追究、调查学习等多领域的运行方式。这些机制贯穿在管理全流程、各阶段中，对突发事件科学化、制度化管理发挥着重要的作用和影响。

### （一）预防与应急准备阶段

预防与应急准备机制在应急管理全过程中具有极其重要的作用，随着应急管理实践经验的不断积累，人们逐渐认识到在突发事件发生之前遏制或尽可能降低风险相比于在突发事件爆发后再进行应对处置要更加安全、高效、经济。所以，面对严峻复杂的公共安全形势，应急管理的重点开始从“举国救灾”过渡到“全民防灾”，在风险的源头发力。

1. 风险防范、管理

高度关注灾害事故发生前的常规管理工作，以系统性的思维考虑小概率的事件。

在预防和应急准备阶段，风险防范、管控等相关机制占据着主体的地位，通过识别和测评风险，进行妥善有效的处置、防微杜渐，以期用最小的成本获得最优的应急管理效果。从《突发事件应对法》规定“国家建立重大突发事件评估体系”，到2016年《关于推进防灾减灾救灾体制机制改革的意见》中提出“努力实现从注重灾后救助向注重灾前预防转变”“从减少灾害损失向减轻灾害风险转变”，风险治理以其重要性、常态化、高效率逐渐成为现代应急管理的核心问题。针对风险进路流程的系列防范机制也在发展中逐渐完善原则、明晰可行。一是系统性原则，按照总体国家安全观的内在要求以及改革的制度趋势，针对非常态的应急管理将与政府日常的行政管理相融合，针对风险管理的各流程、环节能够系统地联系起来，成为规范的管理行为；二是综合性原则，当前，突发事件风险的耦合性、关联性、跨界性和渗透性都在不断增强，一种风险往往可以对其他因素造成规律性影响进而形成次生、衍生灾害风险，仅对单一风险的防控容易形成重大薄弱环节。因此2016年的《衍生灾害风险意见》明确提出要“从应对单一灾种向综合减灾转变”，根据突发事件风险新的变化趋势，强化风险管理机制中的对突发事件信息的收集、预判和应用，提高机制的预见性和科学性；三是实用性原则，机制的建设与创新要跟上时代的发展和要求，通过不断的查缺补漏、发展完善，抓早、抓小、抓苗头，紧密围绕应急管理工作实际进行优化升级。

2. 宣传教育培训

宣传教育培训也是预防和应急准备阶段的重要机制，通过科学性、专业性、系统性的安全专业理论知识及案例宣讲，参与度高、灵活性强的基层应急实战演练，提升全民安全文化素养。国内外众多重特大突发公共事件充分表明安全宣传教育培训、全民安全素养在遏制和降低灾害风险、减少突事件人员和财产损失方面的重要性和不可替代的作用。建立覆盖全社会的、适应不同层级人群的安全宣传教育培训机制，对党政领导干部、应急管理相关工作人员、应急救援队伍、普通公众等进行有针对性的、有实践价值的知识普及和能力培训，可以有效促进公共安全事业的持续发展。针对普通公众，要加强防灾减灾意识和自救互救方法的培养，通过深入开展安全知识宣传，向民众普及公共安全风险的技术与知识、公共安全风险的种类、特点以及应急管理的重要性；针对领导干部和应急管理相关工作人员，要系统学习应急管理的基本理论和全流程管理，检视应对突发事件的处置能力及各项应急流程合理性，提升应急决策和处置的能力；对于专业救援队伍和志愿者，要进行科学合理、实用性强的分门类、多场景应急救援专业技能实际操作的培训等，通过将政府与社会的教育资源相整合优化，同时结合应急管理特点创新教育培训的方式方法，构建合理的应急管理学科设计体系，推动宣传教育培训机制的完善。

3. 社会动员机制

社会动员机制在预防和应急准备阶段同样重要，《突发事件应对法》规定：“国家建立有效的社会动员机制，增强全民的公共安全和防范风险的意识，提高全社会的避险救助能力”。[1]当前，突发事件特别是新发传染病等高危险性和高破坏性事件要求必须进行短时间内的快速动员，坚持依靠群众、发动群众才能摆脱能力

[1] 《中华人民共和国突发事件应对法》第六条。

和资源限制，形成共同参与、保障社会安定有序的合力。而与之相对应的却是城市化、人员流动等原因造成民众的主体意识与参与意识并未充分激活，在应急管理实际工作中尚未充分运用群众的智慧和力量，发挥其主观能动性，出现政府工作与群众行为的脱节，“政府人员干、群众揣手看”的现象。因此，要通过顶层设计及制度创新有效推进社会动员机制建设：为志愿服务者提供激励与保障，以基层党组织带动群众的风险意识和主人翁意识；加大动员力度，使群众直观认识到突发事件的紧迫性，调动其主动参与和配合应急行动；高度重视、充分发挥社会组织的作用，为社会组织成长创造良好的空间，有序引导社会组织在不同的专业领域发挥优势。扫清信息不对称、供需不匹配、活动不规范、公众舆论复杂等阻碍社会力量参与应急治理工作的障碍，形成广空间、泛资源的社会动员管理流程，培养共同抗击安全风险的牢固而广泛的基层社会共识。

### （二）风险识别与预警阶段

风险识别与预警阶段主要是在已有经验的基础上，结合现实情况，在突发事件“将发未发，一触即发”的时候，对其发展趋势、危害程度等进行监测、评估、示警，以规避或降低灾害损失。在此阶段，主要运行机制包括监测与预警机制、事态研判机制、信息报告机制等。

#### 1. 监测与预警机制

监测与预警机制是将现代科学技术与信息推演相结合，对突发事件的发生概率、严重程度、演化趋势以及制约因素等进行合理推测及判断。监测预警机制可以有效消减突发事件的风险及破坏程度，根据地震专家的实验数据，高度普及的地震预警可以减少大量的死伤人数。在监测与预警机制建设中要对监测网络、监测技术、人才队伍、预警方式等进行全方位的完善与发展，重视新一代信息技术对应急工作的支撑作用，充分运用 5G 网络、大数据、云计算、区块链、传感器技术和人工智能技术等现代信息技术提高精准性，拓展监测覆盖范围和信息挖掘深度，对灾害风险源以及突发事件发展状态动态研判、对突发事件的演进流程进行更准确分析与高效处理，使管理主体精确调整应急决策。当前，随着我国应急管理体系的不断完善，针对地震、海啸、极端天气、传染性疾病、大型群众性活动等涵盖四大类突发事件的分级别、多灾种的综合监测预警网络和灾害风险管控制度在我国已逐渐建立和完善起来。

2. 事态研判机制

事态研判机制是根据对当前突发事件信息、数据和资料，通过多角度、全方位的分析，及时发现问题，准确界定安全形势。事态研判是应急决策的重要依据，通常也是应急处置的起点。面对突发事件将发未发或初发情况不明、瞬息万变的状况，事态研判一方面要提升管理主体及时、全面、准确分析问题的能力水平，另一方面要强化科技支撑和理论研究，在事态研判中充分借助多领域、多学科专家的意见进行综合研判，从突发事件危险源、影响区域、演化趋势等依据科学结合过去的经验综合分析，提升研判的全面性和科学性。同时在研判中要充分利用现代科学技术手段进行分析，更精准地体现突发事件的宏观概况和微观发展态势，提升事态研判的科学化、精细化、智能化水平。

3. 信息报告机制

信息报告机制是在突发事件发生或可能发生时，依法依规、主动及时将相关信息进行自下而上地纵向报送，并根据事态发展做好相关部门和地区的横向通报。突发事件相关信息、数据是快速有效地进行决策和应急处置的重要条件，应急管理过程中的信息模糊、破碎和不通畅是精准决策的最大桎梏之一。信息报告要达到及时、准确、客观的要求，主要在于要畅通信息获取渠道、提高上报的速度和强化信息的共享，通过引导社会组织、公民、大众传媒等社会力量有序参与突发事件信息报告，拓宽信息获取的覆盖性和时效性，通过建立横向共享平台，使各相关部门及时获取完整准确的信息，强化协同处置，实现更加开放敏捷的应对方式。

### （三）应急处置与救援阶段

应急处置与救援是在突发事件发生后，采取合理有效的措施，最大限度地降低事故造成的财产损失、人员伤亡和其他破坏性后果，防止突发事件次生、衍生灾害的发生和扩散。在应急处置与救援阶段，重点在决策部署、会商研判、组织指挥、协调联动、信息资源整合共享等机制。

协调联动机制是当前应对系统性风险、防范和处置急难险重任务的必然需求。随着跨地域、跨领域的非常规突发事件呈增长态势，与常态化的政府管理相比，对突发事件的管理通常要跨越组织边界，要求各部门、多主体在有效组织之下互相协调配合，因此协调联动既包括对应急、交通、环保、卫生、公安等相关部门的协调，也包括对大范围扩散叠加灾情的跨区域协调，同时还包括对企业、非政府组织、公民等多主体的协调，以制度化、程序化的方法和措施在最短时间内对应急过程中的资源进行优化整合，达到更高的整体性和协同性。协调联动通过打破部门、地区之间的壁垒，对人员、物资、信息等资源进行集中协调再分配，可以有效弥补非常规性突发事件中区域应急资源匮乏和分配不合理等弱点。应急管理部的组建进一步优化了协调联动机制，纵向实体到横向虚体的模式转变、国家层面统一部署协调部门的设立、综合性应急救援队伍的建设等可以有效缓解职责不清、多头管理的弊端，降低行政资源和行政成本，形成应急管理的合力。但当前该机制在运行过程中也依然存在平级协调权威性不足、资源条件和基础薄弱、协调措施不充分、推进不力等问题。

**（四）恢复与重建阶段**

恢复重建机制是在突发事件基本结束以后，为恢复事发区域的生产生活秩序建立的从过渡性安置、心理救援、救助补偿到责任追究、调查学习等一系列相关监督管理工作流程。在恢复与重建阶段的机制建设重点要突出以人为本的原则，在短期内及时高效地恢复受影响的经济社会秩序，同时要通过客观公正的评估总结经验教训，通过不断的学习和建设，增强社会的冗余性和抗逆力，抵御不断增加的风险和严峻挑战。

在此阶段，首先是要贯彻以人为本的理念，以群众的感受、健康和安全为首要任务，做好灾害影响区域内的物质、经济、社会、生态、文化、心理等各方面的恢复性建设，在复杂风险的冲击下维护经济发展和社会稳定。在恢复性建设中，要充分调动社会力量的主动性。灾后的恢复重建是需要充分发挥自主性、扎实推进的长期工程，要在政府主导之下，同心协力恢复正常的生产生活秩序。同时，要通过调查、学习、建设，不断增强社会韧性。在不断遭遇各种难以预见的灾害事故的经历中，迅速提升自我修复的能力。例如全球广泛关注的新发传染病风险，随着 SARS 病毒、甲型 H1N1 流感、埃博拉出血热等传染病疫情突袭人类社会，各界充分认识到增强社会韧性，特别是基层冗余性和抗逆力的重要性，需要从居民安全的角度、从应急管理与服务的便利性角度出发合理设置社区规模。如从抵御公共卫生风险的角度来讲，在治理环境上要对卫生应急基础设施进行系统化的建设与改进，按照《健康中国 2030 规划纲要》的规划要求推进对“无物业、无安保、无封闭”的城镇三无老旧小区改造工程和新社区建设工程，加大对基层社区卫生服务中心的资金倾斜力度，对相关基础设施进行改造、翻新和升级，完善其医疗检测、隔离防护等基础设施，以达到在突发公共卫生事件中可以做到第一道防护的功能，满足就近安置的需要；在基层医疗服务供应方面，为有效防范应对此类重大突发公共卫生事件，应全面加强基层医疗机构基础设施建设，项目建设全额财政支撑保障，制定基层医疗卫生机构建设规划，做到建筑面积达标、功能分区合理，改善就医环境；在民众健康意识培养方面，要帮助居民树立“每个人是自己健康第一责任人”的理念、提高风险防范能力，培养科学、健康的生活习惯；在人才建设上，要制定符合基层实际的“引才引智”办法，拓宽用人渠道，通过鼓励相关专业毕业生到基层工作，完善聘用、轮岗派驻等人才引进、使用、管理制度，弥补社区公共卫生人才短缺。通过建设一个更为安全、稳定、强大的社会来抵御突发事件的风险与破坏。

## 三、应急管理法制

在应急管理体系的构成要素中，体制、机制、法制三者是相辅相成的：刚性的体制对机制形成制约，机制的建设可以推动体制的发展，而法制则是运用法律法规将体制与机制的核心内容加以稳固。在突发事件对社会正常的生产生活秩序造成巨大冲击导致常态法无法完全覆盖的情况下，就需要有相关法律法规依据非常态下社会与公民的特殊需求，对在突发灾害事故侵袭和破坏下的国家权力和公民权利以及与之相关的社会关系进行调整和规范。在迅速及时处置危机的同时以法律为底线达到保障人权、维护秩序、平衡权益等目的。依法应急是依法治国的一项基本内容。应急管理作为政府最重要和基本的公共服务职能，法治化的转变是必经之路，立法、执法、司法、守法各环节的有效有序进行，对优化应急资源配置、实现常态与非常态管理的平衡、保障公民基本权利、实现应急系统的更合理高效运转、约束紧急权力无限扩大等，都具有重要和独特的意义。

### （一）应急管理的法律原则

#### 1. 权力优先原则

由于突发事件的严峻、复杂、多变以及多方面、长期性的危害，在突发事件的非常态管理中需要享有更大的自由裁量范围，即在突发事件的紧急处置中需要调整国家权力与公民权利间的均衡状态。法律将赋予在应急情况下的政府行政权力更大的权威性和优先性，而公民的权利在保障人权的前提下可能会受到必要的、一定程度的限制，以保障在突发事件的紧急状况中应急措施的迅速有效执行。如在突发事件应急活动中，行政程序会打破常规状态由向正义转为向效率倾斜，实行宽松有效的简易程序；面对突发事件处置中的多变性和紧迫性，其管理的过程需要享有更大的自由裁量范围以实施灵活的应急措施；在情况危急时，其他行动需要让步于以处置危机为目的的应急行动。在重大突发事件中，为维护公民生命安全和经济社会稳定、维护社会秩序、恢复社会常态、保障重大的公共利益和国家利益，国家机关可以采取紧急征用、紧急强制、严惩违法行为、限制和中止某些公民合法权利的行使等措施。同时，应急管理相关法律法规在赋予足够强大的行政权力时也必须对其实施的条件、时间、范围、程序进行严格的界定，达到权力保障与限制的平衡。

#### 2. 人权保障原则

由于突发事件的特殊性质和危害性，政府在突发事件应急处置中为了快速控制突发事件传播、减少人员和财产的损失，有必要通过法律限制或中止一部分公民权利。如在重大传染病疫情中，对公民的出行加以限制、获取公民部分个人信息等，配合国家机关合法合理的应急措施也是公民的义务。但是在应急状态下采取的对公民权利的克减必须坚持从根本上保障人权的原则：一是采取应急措施的根本原因和终极目的就是以人为本，保障人民群众基本的生存权、健康权和财产权，这是应急管理的根本目标，也是保障应急管理相关行为正当性的基础；二是在采取应急措施时对公民权利的克减要根据突发事件的性质、范围、程度严格界定权利限制的程序和范围，坚持最小侵害原则，严禁采取超越法律限度的限制措施，对于不需要限制的公民权利要保障其正常行使，最大限度保护公民权益；三是公民基本权利在任何应急状态下都需要受到绝对保护，坚决保障公民基本人权不受侵害，如生命权、平等权、免受奴役权、精神自由等，在任何情况下都不应受到克减；四是对于在日常行为中需求较少但在突发灾害事故中必须依法行使的一些特殊人权如救援与救助请求权、突发事件信息的知情权、应急措施的监督权等要给予特别保护。[1]

3. 政府主导与社会动员相结合原则

政府是公共安全的最终维护者，政府行政权广泛、积极、高效的特点使有效管理和处置突发事件成为现代政府的一项重要职能，但是突发事件的破坏性、复杂性、防控难度以及科层制的壁垒使政府独立应对突发事件较为困难，需要按照政府主导与社会动员相结合的方式调整指挥和控制程序，广泛动员社会力量的参与。各级各类社会力量在维护公共安全行动全过程均可发挥重要的作用，特别是在事前管理和事后恢复阶段，社会力量打破僵化的纤维状组织，更精准有效地满足差异化的应急管理需求，在风险防控、人财物力等资源支持方面赋能。而在突发事件的应急响应阶段，政府处在应急处置的明显的支配地位，但是社会力量仍然在提供资源和有限度地参与处置和救援活动方面发挥重要作用。在此过程中，要重视社会动员模式的变迁，培养社会力量的自组织秩序，制定合理的法律规范

[1] 闪淳昌、薛澜：《应急管理概论：理论与实践》，高等教育出版社，2018。

使社会参与有序、有效。

### （二）应急管理法制的构成

根据法律规范的效力等级，应急法律体系构成可分为以下几个层次：紧急条款、基本法、单行的部门应急法、有关部门关于应急法的实施细则及针对某一独立环节的专门立法等。

1. 基本法：《突发事件应对法》

《突发事件应对法》2007 年施行，是针对突发事件全过程管理的基本法。目的在于降低突发事件的频率，减少经济损失和人员伤亡，体现了突发事件应急管理由对突发事件的个体关注转变为对共性的常态化管理，由依靠经验转变为依靠法制，是我国应急管理法制建设的里程碑。

2. 单行法

我国应急管理单行法基本属于“一事一法”，因此数量较多。2018 年前我国根据突发事件分类相应的单项立法主要包括：在自然灾害方面包括《中华人民共和国森林法》《中华人民共和国防沙治沙法》等；事故灾害类包括《中华人民共和国建筑法》《中华人民共和国消防法》等；公共卫生事件类如《中华人民共和国传染病防治法》《中华人民共和国国境卫生检疫法》等；社会安全事件类包括《中华人民共和国保险法》等，基本形成了覆盖全面、内容完整的法律法规规范体系。

3. 宪法中有关紧急状态的规定和立法

《中华人民共和国宪法》（以下简称《宪法》）第八十条、第八十九条，分别对国家、省、自治区、直辖市进入紧急状态进行了规定。这些规范性的法律文件共同构成了一个系统完整的突发事件应对法律体系。应急管理相关法制工作从不同领域、不同层次进行了规范性调整，对安全生产法律法规、消防法律法规等着手完善，同时研究制定自然灾害防治和应急救援组织相关的综合法律，统筹总纲性法律，构建“1+4”公共安全法律框架，根据当前突发事件的演进态势、应急管理的综合性需求，不断完善应急管理法律体系，为人民生命财产安全、经济社会稳定发展提供法律层面的保障。

# 第一章　应急管理体系的发展沿革

## 第一节　中国应急管理体系发展阶段

### 一、应急管理相关机构演变

我国幅员辽阔，自古以来就是一个灾害频发的国家，特别是在我国从工业社会向后工业社会快速迈进的时期，公共安全和国家安全都面临着全新的风险、挑战和问题，维护公共安全作为政府的一项基本职能，其覆盖的突发事件类型包括自然灾害、事故灾害、突发公共卫生事件及社会安全事件，不仅是全球治理话语体系的核心议题之一，更是保障社会平衡状态和有效运行的基础。因此，党和国家长期高度重视应急管理工作，对突发事件风险的总体演化态势、政府应急管理能力提升、应急治理体系健全完善、公共安全发展的战略途径与策略选择等都高度重视，力争补短板、强弱项。

突发事件的发生和演化既有自然成因，也受到政治、经济、社会因素的影响，其产生和发展态势是复杂的、不断变化的，因此，应急管理也必须要在立足于外部环境与自身因素的内嵌框架基础上，保持动态演进，对内能够适应我国现代经济社会发展情势，处理急难险重任务，达到理论科学、法制完善、行动高效；对外能够立足于全球治理安全维度的普遍问题与症结，符合世界政治经济发展的整体趋势和国际形势。自中华人民共和国成立以来，我国的应急管理在不同历史时期采用不同的管理方法，从单部门专项应对转变到各部门综合协调，经历了一元化领导、控制性放权、赋能型协调、政党型收权等各有特点的历史时期，特别是党的十九大对贯彻落实“总体国家安全观”进行了战略部署，这是对我国现代公共安全治理理论最新成果的科学认知，是对安全和发展一以贯之的坚持，是总体性、综合化的应急管理体系改革的开启，而在我国对公共安全维护的不断创新和发展中，应急管理机构也在不断的演变。[1]

### （一）从中华人民共和国成立到改革开放前

此时我国建立的是以党的一元化领导为核心，部门负责为主、非常设机构为辅的应急管理机构体系。此时针对公共安全的管理属于突发事故后的补救行为，这一时期我国的突发事件种类相对比较单一，以自然灾害和公共卫生事件为主，同时也包含一部分生产安全事故。威胁最严重的主要灾害包括地震、洪涝、干旱、虫害等自然灾害，以及肺结核、鼠疫、霍乱、血吸虫等传染病疫情。为有效应对各类灾害，1950 年 2 月，我国成立中央救灾委员会，组织指导全国生产救灾工作，由时任政务院副总理的董必武任主任，委员会委员由全国总工会、全国青联、解放区救济总署、中国人民银行等相关部门派出负责人组成，依托内务部开展工作，与相关部门协同配合组织堤岸维修、抗旱点种、扑灭虫害等生产救灾、节约救灾工作，减轻灾害损失，以顺利度过冬荒、春荒。主要职责包括组织指导全国救灾工作，对中央的救灾方针政策贯彻执行情况进行监督检查；研究总结灾情的变化趋势；总结救灾工作中暴露出的问题并积累宝贵经验；根据当前实际工作需求草拟相关法规性文件。同时，各级政府在大灾过后也相继组建民政、气象、水利、地震、劳动保护、卫生等专业性或兼业性部门，针对不同种类的灾害性事故，调整和细化部门职能，进行有针对性的灾害预防和抢险救灾。

如 20 世纪 60 年代开始，伴随我国进入地震活跃期，1966—1970 年，五年间接连发生邢台地震、渤海地震、通海地震，伤亡损失之巨促使在此期间我国逐步开始建立专业的地震灾害相关工作机构。1967 年我国成立地震办公室，1969 年组建中央地震工作小组，1971 年设立国家地震局，负责地震监测、预报、科研等工

[1] 高小平、刘一弘：《中国应急管理制度创新—国家治理现代化视角》，中国人民大学出版社，2020。

作。各级地方政府也相继成立防震减灾工作机构，如 1972 年，吉林省地震办公室正式成立，1978 年，更名为吉林省地震局。这一时期的机构设置以单灾种为主，适应计划经济体制与集权型结构状态，各部门分工负责承担的工作，专业化程度高、独立执行能力强。同时为有效应对重大灾害，综合协调各区域及部门，我国相继成立中央防疫委员会、中央防汛总指挥部等长期性协调机构，如 1950 年淮河大水，同年设立中央防汛总指挥部，之后各地方政府也相继成立防汛抗旱指挥机构。在这一时期，整个社会生产包括应急救灾活动以中央统一计划安排为主，中央政府是唯一责任主体，在发生唐山大地震等重特大灾害时会成立临时性应急领导小组实施综合协调，既体现了集中力量办大事、举国动员的中国特色体制，也形成了“全国找中央”的防灾救灾局面。

**（二）改革开放后至 2003 年**

此阶段主要是由议事协调机构和临时机构牵头协调为主。伴随着改革开放的进程，我国迅速向工业社会迈进，社会转型期的结构变化、地域间人口的频繁流动使公共安全形势发生很大变化，在经济社会高速发展的同时，风险因素明显增多。除了对我国威胁依然严重的自然灾害和公共卫生事件外，现代化和工业化进程的推进以及社会结构的变迁风险诱发了大量突发事件，事故灾难和社会安全事件的数量明显上升。在事故灾难方面，公路、民航、铁路领域的交通事故发生率居高不下，1999 年，“11·24”烟台特大海难事故造成 280 人遇难；2001 年，全国道路交通事故 75.5 万起，造成 10.6 万人遇难，直接经济损失 30.9 亿元，矿难也成为典型的事故灾难类型，贵州木冲沟矿难（2000 年）、山西洪洞三交河特大瓦斯煤尘爆炸事故（1991 年）等均造成百人以上的重大伤亡，经济及社会影响极大。在社会安全事件方面，伴随经济体制的改革与发展，国有企业改革、土地拆迁等造成了一定的社会矛盾并容易外显化为突发事件，成为社会群体性事件的重要诱因，对社会稳定和团结造成影响。同时，突发事件的密集性、叠加性、关联性、互动性逐步显现，跨灾种、跨区域的突发事件数量不断攀升并造成了越来越大的社会影响。条块分割的组织结构，分部门、分地区的单灾种管理模式中沟通协调不足、信息传达不畅、综合应对能力不足等问题凸显。为充分适应突发事件破坏性大、影响力强的新阶段，加强突发事件的跨部门组织协调，我国开始在常设的分类管理机构之外设立中央与地方各级应急管理相关议事协调机构，强化对复杂性突发事件的临时性应急处置。在自然灾害方面，1979 年成立国务院抗旱领导小组；1987 年大兴安岭特大森林火灾发生后成立国家森林防火总指挥部；1988 年成立国家防汛总指挥部；2000 年成立国务院抗震救灾指挥部；1991 年成立全国救灾工作领导小组，1992 年与国家防汛总指挥部合并组建国家防汛抗旱总指挥部；1989 年成立中国国际减灾十年委员会（2000 年更名为中国国际减灾委员会，2005 年改名为国家减灾委员会），承担全国灾害管理的协调组织工作。在新兴领域社会安全事件方面，1991 年成立中央社会治安综合治理委员会，1998 年成立中央维护稳定工作领导小组办公室，对口公安部的日常具体工作，分析研究全国社会安全秩序与稳定的总体状况，部署一段时期内社会治安综合治理的方向目标、政策纲领和工作措施，并对各地区、各部门的工作进行指导和协调。在生产安全事故方面，1985 年设立国务院安全生产委员会。据统计，截至 2003 年年底，共设置国务院议事协调机构 16 个，联席会议制度 9 个，部门间议事协调机构对口专业部门进行制度安排，成为这个时期的显著特点。

### （三）2003 年至 2018 年应急管理部成立前

此阶段主要是由政府应急管理机构和部际联席会议牵头协调为主。此阶段是我国公共安全形势发生重大变革的时期，人为与自然因素耦合形成新的不稳定因素，经济社会的蓬勃发展与国际格局、环境的激烈变革交织联系，改革发展稳定面临新的复杂问题，突发事件频率高、伤亡大、影响范围广、防控难度大且表现形式多样化，我国的应急管理工作也在此背景下积极应变、主动求变，力求有效地管理和处置突发事件。这一时期，应急管理机构开始向常设性、协调性方向发展。针对安全生产的管理体制逐步理顺，2003 年国家安全生产监督管理局从国家经贸委中独立出来成为国务院直属机构，2005 年升格为正部级单位国家安全生产监督管理总局。

2003年“非典”疫情凸显出的重大薄弱环节成为加强和改进公共安全相关工作的机会窗口，同时为适应突发事件高发、频发且破坏性和影响力变大，亟须可以承担突发事件信息汇总、应急综合协调和应急值守以及其他公共安全日常工作、全面履行应急管理相关职能的办事机构。因此，在我国全面推进以“一案三制”为核心的应急管理体系建设过程中，以政府应急管理办事机构为运转枢纽、协调若干议事协调机构和联席会议、覆盖各类突发事件的应急管理机构体系逐渐形成。

2006年4月，国务院办公厅印发《关于设置国务院应急管理办公室（国务院总值班室）的通知》，国务院应急办负责应急管理的统一协调和信息汇总，并不取代民政、卫生、国土、水利、安监、环境、公安等相关部门的应急管理职责。继国务院应急办成立后，各省（自治区、直辖市）也相继成立相应机构并履行工作职责。这一时期，我国基本建立起从中央到地方的职责明确、分工合理的完整的应急管理体系，应急管理相关的领导指挥、执行、咨询等机构都能发挥出相应的作用，各级政府部门能够按照区域和行业的管理职责有序、有效进行维护公共安全相关工作，海上搜救、核应急、反恐怖、反劫机等专项指挥机构也能够在相关专业领域进行协调指挥。但随着我国公共安全形势的进一步变化，全面推进应急相关管理职能的整合已经成为提升保障公共安全能力的必然需求。

**（四）2018年应急管理部的组建**

2018年是中国应急管理体系开始一轮新的变革大潮的一年，根据十三届全国人大一次会议批准的国务院机构改革方案，中华人民共和国应急管理部成立，应急管理相关职能与过程相统一、常态管理与非常态管理相融合、核心部门牵头各方协调联动的体系确立。这次改革是经历了长时间的酝酿，2014年，我国在深入分析国家安全形势的基础上提出以整体的、全面的、联系的、系统的观点提升安全能力，谋划安全发展。2017年党的十九大作出了社会主要矛盾新变化的重要判断，在由大向强、由量到质的转变过程中，让人民享受更加安全良善的环境、提升生活质量、推动社会和谐稳定发展已经成为当前的重要任务。在新的发展阶段，一方面传统与非传统安全因素相互交织、社会的复杂多元、技术高速发展的不可控等形成了系统性、复杂性、耦合型的风险特征；另一方面，保障公共安全作为政府最基本的公共服务职能，正在逐渐融合常态与非常态治理的间隔，应急管理的改革实践与制度建设成为不可或缺的环节。

根据现实情况的变化，应急管理部整合了国务院办公厅的应急管理、公安部的消防管理、民政部的救灾、国土资源部的地质灾害防治、水利部的水旱灾害防治、农业部的草原防火、国家林业局的森林防火、国家安全监管总局的相关职责以及国家防汛抗旱总指挥部、国家减灾委员会、国务院抗震救灾指挥部、国家森林防火指挥部的职责，统一筹划指挥自然灾害和事故灾难，同时为更有效地达到优化、协同、高效的目标，实现全过程管理，应急管理部统一组织管理转制后的公安消防部队、武警森林部队、安全生产等应急救援队伍。[1]实现从风险防控到善后恢复的各环节统一组织，逐步提升公共安全治理流程的通畅性和综合性。当前，应急管理部设20个内设机构，成为符合当前安全形势要求，合理调整机构配置和权责分配的全新的国家机构。之后各地方人民政府陆续设立应急管理行政机构，应急管理厅（局）陆续成立，形成全面综合性的管理机构体系。应急管理部的成立，是为了适应风险交织、耦合的时代，有效解决管理职能碎片化的问题。“专常兼备、反应灵敏、作风过硬、本领高强”的建设目标为我国应急管理体系建设指明了建设的战略目标和实践路径：一是继续向风险管理和综合减灾转变，形成系统性的灾害链管理，二是力量整合，国家综合性消防救援力量与社会力量协调合作，加强对地方专业救援队伍和志愿者队伍的调动和专业培训，提升队伍间的协同施救能力，形成救援的合力。

## 二、变迁的内在逻辑及趋势

我国应急管理机构演变经历了从简单到复杂、从碎片到整体的过程，虽然在不同的发展阶段其侧重点和核心理念存在较大分歧，但其总体发展态势和创新探

---

[1] 中共中央印发《深化党和国家机构改革方案》中央人民政府网。

索有其内在的逻辑和趋势。

### （一）变迁的内在理论逻辑

1. 间断—均衡理论

间断—均衡理论是由弗兰克·鲍姆加特纳（Frank R.Baumgartner）和布赖恩·琼斯（Bryan D.Jones）提出的解释政策过程中稳定与变迁的重要理论。间断—均衡模型将政策变革划分为长期与短期的视角，从长期来看政策变迁是缓慢平稳甚至缺少变动的，但将视角聚焦在短期就会注意某一时段的突变。因此均衡反映的是整体的、长期的、政策稳定而少有变化的趋势，而间断是因某些事件或某种诱因引起的政策巨变。近年来，间断—均衡理论被广泛应用于分析我国食品安全、环境保护、社会救助等方面的政策演进，根据间断—均衡理论可以深入分析我国应急管理体系发展的内在逻辑、政策因果、制度变迁，通过在理论高度对过往政策进行精准分析和把握有助于不断调整和完善未来应急管理体系的建设。中华人民共和国成立以来，我国的应急管理从初步建立到逐渐完善，几十年来既有长期的渐进均衡也有短期的重大间断，通过对应急管理总体性目标、政策工具等的调整，在日常的渐进式积累与焦点公共事件的推进下，我国在充分激发经济潜力的同时，也高度重视安全问题，综合国力持续快速增长的同时，在有效处置突发事件、维护社会稳定方面不断进步，而我国应急管理的制度变迁也经历了从单一灾种管理到整体性应急的革命性范式转变，并在每一阶段实现质的飞跃。

（1）改革开放对应急管理发展的重要推动。从中华人民共和国成立初期到改革开放之前，我国突发事件管理的特点是以单灾种管理和中央计划安排为主，“条条管理”的模式对应的是成立负责各类灾害管理的如地震、防汛抗旱、卫生等专业性机构。而改革开放后，国内外安全形势加快变化，突发事件的复杂性、耦合性增加，单一灾种分类管理的条条模式逐渐暴露出沟通和综合协调能力不足的问题，我国开始逐渐进入以业务部门牵头，其他部门协调、参与、辅助的单灾种管理阶段，在常设的分类管理机构之外设立了中央与地方各级议事协调机构，单灾种管理的专业性和独立性充分凸显，但综合协调指挥的缺陷仍然存在。

（2）“非典”疫情开启的应急管理改革。在焦点事件的推动下，我国开始“一案三制”建设，在此期间2005年《国家突发事件总体应急预案》出台，标志我国初步建立起应急预案框架体系；2006年，“十一五”纲要提出“建立健全应急管理体系”，同年国务院办公厅设置国务院应急管理办公室；2007年《突发事件应对法》施行，成为应急法治化的重要标志。之后我国在保障公共安全日常工作中以及各类重大灾害事故中不断总结经验教训，根据暴露出的短板和问题，不断修订和完善相关的应急预案体系、灾害救助体系、预警应急机制等，历经多年理论研究和实践积累，以“一案三制”为主体内容的体系构建基本完成。应急办作为枢纽机构总抓，进行协调和信息汇总，其他相关部门应急联动的多灾种突发事件管理机构体系形成。

（3）党的十八大以来开始的以总体国家安全观为引领的整体性治理。应急管理部的成立是典型的大部制改革，集中反映应急管理体制改革的两个取向：一是向综合减灾模式的转变。强化跨部门、跨区域、跨行业综合协调，整合优化分散在各部门的力量和资源，解决阻碍应急管理发展的体制性问题；二是社会力量及市场机构的广泛参与。实行有主有次的原则，在明确政府的统筹和主导位置前提下，高效率组织调动多元力量，形成政府、社会组织、企业的平衡状态，弥补原有协调性不足的问题，充分发挥社会组织功能多样、行动灵活的优势，扫清信息不对称、供需不匹配、活动不规范、公众舆论复杂等阻碍社会力量参与应急工作的障碍，强化应急管理的制度建设与能力建设。

因此，从应急管理的特殊性来看，突发事件既是推动制度变迁的外部力量，聚焦公众关注度形成机会之窗造成政策巨变，同时突发公共事件作为应急管理的管理对象，也是推动应急管理制度变迁的内部动力，不断促使我国构建全灾种、全流程、全主体的新时代、综合性应急管理机构体系。

2. 整体政府理论

整体政府理论发轫于20世纪90年代中后期，其理论的核心在于协调和合作，范围既包括组织内部也包括其他公共产品供给者，目的在于打破界限藩篱、高效组织利用资源，从而实现最优化的效果。一是强化政府内部的合作，在积极推动不同层级政府的纵向协作的同时，重心更应在于同层级政府以及政府不同部门间的横向协同，打破地域界限和部门界限，将治理效能放在优先位置，以综合、高效的管理模式取代碎片化的管理；二是加强政府与其他非政府主体的内外合作，强化协调与沟通，提高公共服务的效率及效益。

结合整体政府的理论视角，综合性的应急管理体系需要多部门、全方位的协同，突发事件的复杂性使应急管理涉及的部门、人员、地域多样，难以依靠单一力量应对，必须打破各种界限进行沟通合作。与政府常规性治理相比，突发事件的相关管理对于协同性要求更高，应急管理的总体演化形势就是不断加强应急管理机构以及其他部门之间的协同性。改革开放后，我国在常设的分类管理机构之外设立中央与地方各级议事协调机构如国家防汛抗旱总指挥部、国务院安全生产委员会等承担管理职责。2006 年开始，国务院应急办及地方各级应急办作为综合协调枢纽部门开始履行管理职能，负责突发事件的统一协调和信息汇总，应急管理协同化、整体化的制度建设和机构调整一直在不断推进。2014 年总体国家安全观的提出，更加强调公共安全的 “总体性”，同样在价值追求与整体布局上要求应急管理的有效协同。

（1）以机构运行的总体合力为出发点调整机构设置，为优化自身内部的功能，在多部门的协同联动的基础上增强在突发事件中的组织和协调，实现机构功能的最大发挥。2018 年，我国在将相关政府部门的 13 项公共安全职能进行理顺、重组、整合的基础上，设立应急管理部。

（2）应急管理的区域协作机制也在不断推进与创新。“泛珠（三角）应急协作”“西部十三省应急协作”“中南五省应急协作” 等区域协作机制在资源与信息共享方面逐渐完善，有效提升区域应急管理能力与效率。同时，国家综合性消防救援力量与地方专业力量、志愿者队伍的协同模式也正在不断探索。鉴于突发公共事件的高议题关注度，为适应应急管理非程序化决策的特点，应急管理的改革着力于协同高效、整合多元主体资源，不断强化与规范政府与社会的合作关系。

### （二）应急管理的专业化变迁需求

进入新时代以来，经济与科技的高速发展在服务社会的同时，也造成了常规性突发事件的集中爆发和非常规性突发事件的逐渐增加，全球化、工业化、市场化、城市化、信息化的趋势既加速了安全风险的跨界传播、跨域传播和联动性传播，也提升了重大安全风险发生的可能性，形成了异常复杂的公共安全形势。因此，新时期应急管理面临的就是如何防范化解重大风险、如何应对复杂跨界的突发事件以及如何有效治理系统性的安全风险。在这一前提下，应急管理体现出打破管理壁垒、强化应急协调和社会参与的变迁趋势，而在国家治理现代化的视角下，新时期应急管理的变迁总体目标有以下三个。

1. 整体化和一体化

在当前社会大发展、大变革、大调整时期，突发事件的多发频发性、密集性、叠加性影响日益增加，新的公共安全领域不但涉及传统的四大类灾害，同时还涉及生物安全、科技安全、资源安全等非传统安全领域。应急管理在应对全新领域的挑战以及突发事件的耦合、叠加、传递、连锁性跨区域的传播中不断进行调整，在应急管理相关管理机构改革与变迁过程中作出了中国化的创新探索，其中最重要的就是以整体化和一体化为方向，强化不同部门、不同区域在人、财、物等资源上的整合共享，并制定相应的统筹协调和补偿机制，形成应对突发事件复合型跨区域传播的合力。2016 年《中共中央 国务院关于推进防灾减灾救灾体制机制改革的意见》提出要“从应对单一灾种向综合减灾转变”，2018 年《中共中央关于深化党和国家机构改革的决定》明确指出，以推进党和国家机构职能优化协同高效为着力点。应急管理的核心理念转变为多部门多主体的齐心协力、互助合作。应急管理部的成立，推动了我国应急管理机构设置在原有基础上打破由于部门利益、专业分工、本位主义等造成的自成体系、权责交叉以及横向联动限制，更加便于统一调度指挥、分析研判和信息互通，进一步加强和规范对各种应急资源的高效组织和调配，明晰由应急管理部门统一领导建设包括国家综合性消防救援队伍、各类专业救援队伍、社会应急队伍在内的应急救援力量，推动更加制度化地形成“统一指挥、专常兼备、反应灵敏、上下联动”的中国特色应急管理体制，以实现政府部门间最紧密的互动关系，更高效的配合程度以及更优化的整合模式。

同时，整体与一体化的趋势还体现在结合我国具体党情、国情、社情的情况下在不同区域间的协调联动，构建联席会议、轮值等制度共同对区域内应急管理进行合作，发挥各自优势与特点，以协同演练、互助交流、灾情会商、联合维稳、沟通协调、信息资源共享等方式共同应对突发事件的连锁反应及区域性破坏。

2. 管理重心下移

中国作为突发事件发生概率高、影响力大、破坏性强的大国，为有效防控、快速应对各类突发公共事件扩散和蔓延，做好应急管理工作，必须要始终坚持党的领导，充分发挥好中央的指导作用和地方的主体作用。要有效利用地方政府了解突发事件详细信息，决策更加及时、准确，救援更加便利的优势，使地方政府更好地成为维护公共安全的主体。要发挥中央和地方两个积极性，提高应急管理的效率，使地方政府可以迅速采取措施控制突发事件态势发展，组织开展应急处置工作，有效降低行政成本。

在管理重心下移时要注意理顺中央和地方管理及职责关系：一要合理调整地方政府在应急管理中的资源分配、人员配置，健全地方突发事件应急物资保障体系；二要制度明确，强化地方的主体意识，使其在突发公共事件应急工作中有依据、有抓手、权责明确，扭转应急处置中的等待和观望态度，鼓励地方各级领导敢于负责、敢于决策，防止小事拖大、大事拖炸。一般性灾害，由地方政府负责，早发现、早化解、妥善处置、防止蔓延。2013 年芦山地震后，我国即构建了中央统筹指导、地方作为主体、灾区群众广泛参与的新模式。

随着我国应急管理相关管理职责的明确以及公共安全执行主体力量的沉降，我国应急管理重心下移主导下的基层应急管理网络已初具规模。当前，突发事件的复杂性和不确定性对应急响应、应急救援的精准性和高效性提出了更高的要求，源头治理的重要性越发凸显，地方政府特别是基层社区在应急管理中的作用越来越重要，成为维护公共安全的前沿和前线。一方面，基层政府在时间上有发现风险的便利因素；另一方面，作为最直接与社会接触和沟通的政府层级，基层政府在沟通协调、压实责任、物资调配等发挥着重要作用，基层应急管理能力的高低直接关系到应急管理的精准和高效，提升基层应急治理效能是构建灵活高效的应急管理体系的关键所在。而基层特别是社区，恰恰是当前在公共安全保障中最容易出现应急物资紧缺、人才队伍短缺特别是高层次人才匮乏等问题，其治理能力不能适应新形势下的公共安全形势。因此，我国的应急管理改革也在不断向地方和基层深入，近年来着力推行“韧性社区”、网格化管理等基层安全建设，通过对基础环节短板建设的推进以及不断完善人员、资源下沉和社会动员机制，使位于政府权力链条末梢的基层逐渐掌握资源、提升能力、延伸触角，达到权责匹配，在应急管理中充分发挥作用，识别风险、精准发力、靶向解决。

3. 协同治理

当前，各国对于突发事件管理从理念上强调共同治理，传统的单一主体为主的命令—服从的单向度统治执行行为逐渐被现代化的多元主体共同承担的协同治理模式所取代，多元力量在突发事件中的精诚合作发挥出越来越重要的作用。面对突发事件的复杂化、关联性、互动性发展，政府需要充分发挥组织优势和行政优势，善于集中分散的力量而非单打独斗，对域内各方力量实现正确引导和有效激励，动员、组织、引导社会力量规范、高效、精准地参与突发公共事件应急管理工作。

通过与社会组织、公共部门及私人部门保持良好的合作关系，充分调动其积极性，发挥出公共安全直接受众的主体地位，以多元主体的高度参与引导危机共同体的产生。《中共中央 国务院关于推进防灾减灾救灾体制机制改革的意见》提出要“更加注重组织动员社会力量广泛参与，建立完善灾害保险制度，加强政府与社会力量、市场机制的协同配合，形成工作合力”。[1]这就要求一方面强调政府

[1] 《中共中央 国务院关于推进防灾减灾救灾体制机制改革的意见》，中央人民政府网。

在应急管理中的主导地位，以地方政府为强有力的指挥协调中枢，同时让社会力量进入到实施主体中，发挥社会组织的亲民性、草根性，满足在突发事件中的多样化、差异化需求，动员全社会的力量形成全社会网络的应急治理，提升应急反应的迅捷性，提高灵活性和有效性。在对社会力量的调动中，要增强有效协作，实行问题导向的分工策略，充分发挥社会组织依法、依规进行社会筹款和物资捐赠，有效利用社会组织在日常业务模式中构建起来的行动和关系网络提升信息对接和物资发放的时效性和灵敏性，发挥企业的资源调动优势等，充分满足在紧急事件中的救灾和灾后恢复的需求。

同时要充分利用市场分散风险，随着我国现代应急管理体系建设的推进，市场的作用通过巨灾保险、政府购买应急服务等方式逐渐凸显，其功能包括突发事件前的风险分摊、灾难损失的多元化补偿以及利用经济杠杆的激励效应提升安全意识等，市场在资源配置中起到的作用日益凸显。当前，以政府为核心主导，社会、市场、公众有效组合、积极参与的公共安全格局逐步完善，应急执行模式的发展将进一步由管理向治理为主转变。

## 第二节　总体国家安全观引领下的应急管理发展趋势

### 一、总体国家安全观提出的背景

总体国家安全观对国家安全与公共安全作出了新的阐释，其形成与提出受到历史演进、时代背景、理论基础、国内外安全形势的影响。2012 年，十八大报告指出，我国面临的“传统安全威胁和非传统安全威胁相互交织”，党的十八大以来，党中央从高度的理论视野出发，结合我国经济社会发展实际和内外部环境的变化，积极探索谋划国家安全的整体布局。2014 年，习近平总书记在中央国家安全委员会第一次会议上提出了新形势下具有中国特色的安全战略思想“总体国家安全观”。立足于新时期国内国际的环境变化和突发事件发展趋势，运用系统思维与方法论形成的总体国家安全观，具有深刻的理论内涵和实践价值，既具备中国特色的原创性，又具备适应当前形势的时代性，彰显了居安思危、以人为本、合作共赢的价值理念，体现了我国国家领导集体的时代高度和全局视野。同时，总体国家安全观汲取了多年公共安全工作实践中积累的宝贵经验，具有科学的指导意义，是新时期应急管理工作的行动指南。

### （一）总体国家安全观的时代背景

总体国家安全观是在全局的高度对当前国际形势复杂变化、安全风险明显增多、面临挑战严峻艰巨的新情况精准判断的基础上提出的高瞻远瞩、提纲挈领的战略指导思想，具有深刻的时代背景。

1. 外部环境

从外部环境来看，这一时期的时代大潮虽然是以和平发展、合作共赢为主要基调，但是世界正处于百年未有之大变局中，人类面临的挑战和难题、各种难以预知的风险越来越多。极端气象灾害、恐怖主义、传染性疾病、生物危机、霸权主义、地区冲突、粮食安全等困扰人类社会，带来生存与发展的难题。“黑天鹅”事件与“灰犀牛”事件屡屡爆发，国与国之间广泛而深入的联系也使突发事件的关联性和影响范围明显扩大。

一是在全球化的持续深入发展背景下，重大突发事件的实质性连带影响迅速提高。一方面，各国在气候变化、灾害救援、公共卫生、反恐护航、核武器控制等方面开展了积极有效的合作；另一方面，部分地区的恐怖活动、冲突仍然猖獗肆虐，世界经济复苏缓慢，经济社会发展的规模化和集中化造成社会系统的高度脆弱性，局部的紧张局势和社会动荡冲击整个世界的和平和稳定。

二是传统安全因素与非传统安全威胁相互作用。在传统安全威胁基础上，环境退化、恐怖主义、金融危机、核武器扩散、能源资源安全、生物威胁、粮食安全、大规模传染病、网络安全、文化破坏等非传统安全威胁日益增加，成为引发国际局势变化、影响全球人类共同发展的巨大挑战，使当今世界的安全形势更加复杂。如科学技术的快速发展，加速了人类文明的变革演化，但也伴随新型风险的产生，新技术的组织管理、政策法规、安全保障在无法达到全新的要求时，技术就会失去控制或被不正当利用，将会损害整个社会的秩序，进而造成灾难性的影响。又如公共卫生事件，伴随全球化的持续深入，人口的大范围、跨区域流动为重大传染病、新发疾病的全球传播提供了便利，增加了防控的难度。

三是周边安全形势复杂。作为陆地面积960万平方千米的大国，我国是世界上不确定性因素最多的国家之一，从地缘政治的角度来看，我国接壤和相邻国家较多，全球10个超过1亿人的人口大国中6个国家分布在我国周边，安全形势极为复杂。

2. 国内形势

从国内形势来看，我国在经济持续快速发展，取得举世瞩目成就的同时，社会结构的变化、人口的增长、工业化的推进、新技术的应用等也积累了矛盾和问题，自然和社会环境进入到各类突发事件的高发期。

一是社会转型期社会风险的复杂性和高发性挑战政府的应对能力。我国经济发展在转型、社会结构在变化、各种利益和矛盾交织，同时城镇化和现代化的发展让社会风险更加地复杂、高发，破坏性更大。改革开放以来，城市化成为必然趋势，长三角、珠三角、京津冀、沈大城市群、中原城市群、关中城市群等迅速发展，人口、财富和社会生产力高度集中在这些城市群当中，城市突发事件的复杂性、连锁性、破坏性和防控难度加大等特点也对应急管理工作提出了重大的挑战。同时，现代工业和技术产业的发展同样让我国的安全形势更加严峻复杂，一方面安全生产等传统事故灾难形势依然严峻，另一方面新技术的发展带来了新的安全隐患，如民航、交通、能源、通信、电力、智慧城市等涉及生产生活、城市安全、国家安全的诸多行业都在依赖网络，当网络安全受到冲击，容易形成重大的破坏性事件。

二是互联网安全牵动意识形态安全。伴随互联网爆炸式发展，最不能忽视的就是意识形态领域的风险，互联网在推动社会进步的同时也存在着安全监管隐患。从信息内容安全来讲，当前我们的网络空间面临很多的问题，如负面倾向问题、造谣传谣问题、舆论操控问题，产生负面效应；网络极端情绪蔓延，现实生活中不满情绪非常容易在网络中任意地放大、集中地爆发，社会撕裂风险加剧；社会问题频繁被引爆，网络戾气不断积聚，试图左右舆论走向等。在新时期，我国在发展和改革过程中存在诸多重大风险和挑战，因此，立足于对当前我国安全形势的全面认识，对国家安全进行全面筹划，是十分必要的。

### （二）中华人民共和国成立以来国家安全观的历史演变

总体国家安全观的提出，不仅是基于对国内外形势和安全环境的科学判断，也是对我国历代领导集体国家安全观的继承与发展。

首先是中华人民共和国的传统安全观。党中央提出要团结真正的朋友以攻击真正的敌人，在中华人民共和国成立之初内外交困的艰难探索中，强调积极防御、人民战争；强调通过结盟、建设强大国防、建立国际统一战线等途径维护国家安全。党的十一届三中全会后，对国家安全观进行了总结与调整，提出贫穷不是社会主义，世界大战可以避免，和平与发展是当今世界的两大问题。

进入新世纪以来，我国形成了以互信、互利、平等、协作为核心的新的国家安全观。1999 年，在日内瓦裁军谈判会议上阐述了中国的新安全观，以军事联盟为基础、以加强军备为手段的旧安全观，无助于保障国际安全，更不能营造世界的持久和平。2011 年 9 月，我国发布《中国的和平发展》白皮书，首次对外明晰了中国的核心利益：国家安全、主权完整、领土完整、国家统一以及宪法确立的国家政治制度和社会大局稳定，经济社会可持续发展。中国国家安全观的发展变化趋于成熟稳定。[1]

综上所述，我国历代领导人都十分重视国家安全工作，根据内外部环境的变化提出与现实相适应的国家安全观。在充分借鉴优秀的成果并秉承科学方法、结合客观形势的发展变化的基础上，以习近平同志为核心的党中央领导集体提出以人民安全为宗旨的总体国家安全观。

---

[1] 国务院新闻办公室：《中国的和平发展》白皮书，2011 年 9 月发布。

### （三）总体国家安全观的概念及内涵

从 2014 年首次正式提出，到 2017 年党的十九大明确将其作为坚持和发展中国特色社会主义基本方略之一，总体国家安全观作为以往安全观的发展，已经成为具有中国特色的、最新的理论成果与行动指南。在集纳国内安全问题、涵盖国际安全形势的基础上，丰富了国家安全的理论思想，统筹了发展与安全，在国家安全的内涵与外延、安全的总体规划等方面提出提纲挈领、全面贯通的重要论断。

1. 要素

从要素上看，总体国家安全观强调，以人民安全为宗旨，以政治安全为根本，以经济安全作为基础，确保军事、社会、文化等各领域安全。而在保障自身安全的同时，还以其全面、完整、理性的安全观念提倡主权国家的合作共赢，将自身安全置于世界安全之中，摒弃强权霸权，共享安全与发展，构建人类命运共同体。伴随高新技术的迅猛发展和重大突破、全球性的大频度人口流动、军事领域的技术及实力提升、利益关系的交叉与交汇，各种不可预见的风险因素明显增加，突发事件高发频发。我国作为人多灾多的发展中国家，在复杂的世界格局中安全形势严峻复杂。总体国家安全观的提出，在集纳传统政治、经济、军事等安全问题的同时超越传统国家安全观的局限，形成了国家、亚洲、世界安全观的有机统一。2015 年，《国家安全法》将国家安全定义为："国家政权、主权、统一和领土完整、人民福祉、经济社会可持续发展和国家其他重大利益相对处于没有危险和不受内外威胁的状态，以及保障持续安全状态的能力。"这一界定明确了国家安全在当前的时代和环境中，既包括国内安全，也包括外部因素的影响、国际社会的安全。维护国家安全既要从现实视角出发积极应对传统和非传统领域的威胁，又要从未来和发展的视角识别和阻断潜在的风险。

2. 内涵

从内涵上看，总体国家安全观的理念和体系突破了传统政治、军事、外交等的局限，既重视国土安全，又重视国民安全，把安全作为实现美好生活的基础，用中国特色的国家安全保障改革发展稳定的新局面。同时，总体国家安全观的内涵中也涵盖了持续性，要维持发展和安全的动态平衡，把维护国家安全与实现“两个一百年”奋斗目标结合起来，准确把握风险形势的深刻变化，在国家发展中实现持续的安全，为经济持续健康发展提供坚实的安全保障。

（1）统筹外部安全与内部安全。总体国家安全观从全局的高度打破内外部的隔断，将其融合作为不可割裂的整体，明确其彼此联系，相互影响的关系，统筹兼顾了内外两个方面的安全视域。

（2）兼顾国土安全与国民安全。“人的安全”是总体国家安全观的宗旨和主体内容，国家安全与国民安全是并行不悖的，只有充分保障国民安全同时加强全民参与，才能更有效地组织资源和力量，充分发挥我国的组织优势和制度优势。

（3）融合传统安全与非传统安全。总体国家安全观既重视传统安全面临的威胁，同时高度重视非传统安全，总体国家安全观更多关注国与国之间的紧密联系而非差异，突出国家安全各领域的系统性和完整性，伴随国家安全内涵与外延的不断丰富，必须系统全面地综合传统安全与非传统安全要素，统筹规划。

（4）协调发展与安全。当前我国的安全与发展形势复杂，全面深化改革取得巨大成就，安全风险的挑战前所未有，总体国家安全观立足于构建发展与安全的平衡和协调，使之相互促进、相辅相成，坚持国家安全，国力发展方能致远。

（5）平衡自身安全与共同安全。总体国家安全观在充分重视本国安全的同时，也重视其他国家的安全，重视国际社会的共同安全。当前，国家安全很难独善其身，经济、社会、文化、人口的深层次交织使得国家安全受到共同安全的深刻影响。因此，总体安全观在建设稳定、平安的自身环境同时，积极推动各方摒弃以邻为壑、唯我独尊等狭隘思维，积极推动和平发展、合作共赢，充分展现自身的责任与担当，以构建和平发展、休戚与共的命运共同体为目标，最终实现中国自身的长治久安。

## 二、总体国家安全观与应急管理的关系辨析

2003 年的“非典”疫情加快推进了我国应急管理体系建设，在暴露出短板和

问题的同时，对突发事件的认知也实现了跨越式发展。我国《突发事件应对法》对突发事件的定义侧重其危害性、紧迫性和亟需干预性。总体国家安全观的提出是应急管理理念发展的标志性事件，在传统的国家安全语境中，主要侧重于对外安全，而总体国家安全观充分适应全球化的发展与我国对外开放进程的深入，拓展了国家安全的内涵和外延，使对内安全与对外安全达到有机统一，使应急管理与国家安全紧密相连。在“非典”疫情之后的应急管理体系建设探索中，既有长足的进步也存在不可忽视的短板，在事故总量、死亡人数、重特大事故总体下降趋势的同时也存在大量的隐患和风险，应急管理能力与日益复杂化、耦合化的重大风险管理需求尚存在差距，重大突发事件过后的改革与调整期因各种制约因素影响制度变迁，难以见到实效。而总体国家安全观以战略的思维和全局的视野为应急管理提供了新的理论创新方向和价值指引，也为应急管理实践提供了行动指南和整体目标。

**（一）总体国家安全观为应急管理制度创新提供思想资源**

应急管理的管理行动对象包含在总体国家安全观之中，因此总体国家安全观的以人为本以及统筹安全与发展等核心思想为应急管理制度创新提供了实践维度和价值标尺。

首先是人民主体地位成为应急管理体系建设的基点，在应急管理实践中突出民生的重要内涵。应急管理关系到人民群众的生命、健康和财产安全，在总体国家安全观的指导下，应急管理体系建设将定位于满足人民群众的公共生活需求和切身利益、保障个体生命安全这一最基本的民生要求。突发事件作为内嵌于经济、政治、社会框架中的复杂产物，在应对过程中将始终遵循尊重与关爱生命这一神圣目标和职责。

同时，根据总体国家安全观的内在逻辑，将安全理念深度嵌入发展中。突发事件管理是关系到我国经济社会发展的重要问题，长期以来，“经济发展是国家目标体系中的优先选择”，在城市化、工业化、信息化的迅猛发展中，重大公共安全事故高发、频发、并发，突发事件复杂性与耦合性增强，由发展衍生出来的风险因素逐渐成为阻碍发展本身的结构性因素，凸显了应急管理改革的重要性、紧迫性、艰巨性。总体国家安全观理顺安全与发展的内在关系，从我国改革发展稳定及经济社会发展大局出发，重塑新的安全发展观与发展方式，将防范与化解公共事件风险与经济社会发展的总体进程相勾连，以安全促发展、以发展保安全，为新时代应急管理的改革和创新奠定了总体基调。

### （二）落实总体国家安全观有助于提升应急管理能力

应急管理的相关管理行为是总体国家安全观的子集，是实现国家总体安全这一宏观目标的措施。为落实总体国家安全观这一安全架构，就要不断提升保障公共安全的能力与水平。原有的应急管理体系在协调联动机制、风险预警机制、后勤保障机制等方面亟须健全和完善，同时还存在管理职能分散、应急产业发展不足、应急科技滞后等制约性因素。在落实总体国家安全观过程中，需要全面推进我国应急管理体系创新，提升应急管理能力与水平。在体制建设上以“统一指挥、专常兼备、反应灵敏、上下联动、平战结合”为目标做好管理工作的整合与协调；在机制建设上重视协作机制、强化突发事件信息管理机制、创新应急物资保障及技术开发机制、落实协调联动机制与应急常态化机制等的建设；同时推动做好应急管理的学科建设、人才队伍建设、完善法制建设。贯彻总体国家安全观的内在要求，全面推动我国应急管理体系建设的优化创新。

## 三、总体国家安全观对应急管理体系建设提出的新要求

### （一）提升规律认识

当前，公共安全治理是应急管理的本质界定，从综合减灾到应急管理再到安全治理，三次创新实现了质的飞跃，也体现出管理变革的内在机制与深层逻辑。在总体国家安全观的推动下，公共安全需融入非传统安全领域并与政府其他日常管理工作相结合，向整体性和常态化的趋势发展。

#### 1. 整体性

首先要加强党对应急管理工作的统一领导。党的全面领导是由党和国家的本

质所共同决定的，是中国特色社会主义的题中应有之义，在应急管理工作中贯彻党的领导，发挥党中央集中统一领导优势，建设反应灵敏的、高效能的应急决策指挥体系，特别是在复合叠加程度极高的特别重大突发事件中发挥党建引领的作用，是完全正确、必要、有益的，是化解重大风险、适应新形势的必然要求，也是我国应急管理的制度优势。

其次整体性也要求优化机构职能运行。按照风险治理、应急准备、应急响应的功能划分优化内设机构，建立合理有效、权责一致、有主有次的职能运行体系，防止机构交叉重叠、职责边界模糊、权责不对等，并通过政策的激励达到协同效果，使整个应急管理过程得以高效运行。

2. 常态化

当前中国特色的应急管理建设的侧重点和方向是从事后到事前，从被动应对到主动防范。通过风险意识的培育以及在国家应急管理体制框架下建立常态化和标准化的机制，从风险源头发力，及时妥善识别和处置风险，紧密结合突发事件的演化趋势形成源头治理与动态管理相结合的综合性、立体化的治理体系；同时要形成公众参与的共识，众多重特大突发公共事件充分表明公众自助互助的重要性和不可替代性，要通过日常化的有序有效引导，鼓励公众参与到应急行动中，同时制定科学可行的面向公众的公共安全知识和技能培训，提高全社会避险救助能力。

### （二）加强应急管理能力建设

1. 提升风险预防能力

习近平总书记在很多场合多次提到了风险的预防问题。传统的应急管理方式侧重于应急救助与恢复，对于风险的预防能力培养不足，而总体国家安全观视野下的公共安全要将全过程管理覆盖在风险防控、防灾减灾中，以“全链条式”安全风险治理为目标更新应急能力建设理念，必须将风险预防贯穿于日常工作中，注重对突发事件的“防治兼顾”，降低突发事件损失与救援成本。

2. 提升基层应急能力

基层作为国家治理的主要参与者，在应急管理“重心下移、关口前移”的思想指导下，具有一定的特殊性，是最基础、最前沿的部分。要坚持权利与责任、资源与服务的下移、下沉；要以城乡学校、企事业单位等为重点，开启安全示范项目的建设，通过资金及荣誉激励，推动其积极履行安全管理主体责任，减轻基层应急管理的负担；要积极发挥社会动员能力，通过多种形式做好防灾减灾教育培训和应急志愿者组织工作，筑牢突发事件的第一道防线。

3. 提升应急响应能力

要提升突发事件事态演化情况评估的能力；提升面临复杂境况下的应急决策能力，以辩证科学的思维模式、以人为本的思想指导，迅速精准决策；提升应急处置组织能力，内外沟通多方协调形成应急处置的合作协同；提升应急保障与支持能力，对能够影响应急处置效果的交通、基础设施、后勤物资等强化保障能力与集约化水平，通过建设应急基础数据库，打通平台信息壁垒、提升应急运力、优化应急资源储备布局等，切实做到应急物资及时有效到位。

4. 提升舆论引导能力

要提升突发事件舆情风险研判的能力与水平，充分掌握突发事件相关的苗头性、倾向性问题，通过动态划分舆情风险等级、强化横向部门间信息共享与协作、建立焦点问题清单等方式做好舆情的定性、定向、定点研判。按照突发事件网络舆情的发展态势，在舆情孕育、爆发、发酵及转移四大阶段采取有针对性的处理方式。在信息发布与沟通时增强公民利益需求导向意识，避免公式化、模式化、套路化的表述，既要坚持真实客观，又要措辞温和，增强舆情回应的暖色调。同时要加强对已平息舆情事件的后续管理和监测评估，防止舆情反复。

5. 提升应急动员能力

要通过顶层设计及制度创新有效推进党建引领公共安全治理，充分发挥基层党组织组织和凝聚群众的特点，广泛动员群众参与，拓宽应急管理的制度空间，充分发挥民众在公共安全中的特殊作用和意义。同时要对区域内相关社会组织实现正确引导和有效激励，动员、组织、引导社会力量规范、高效、精准地参与突发公共事件应急工作，加快完善社会力量参与突发公共事件应急管理工作的引导机制。

### （三）优化应急管理制度建设

应急管理这一基本职能的履行离不开制度理论的建构和实践的检验，应急管理制度的创新和建设具有历史规则和运行原理，总体国家安全观对应急管理提出了新的制度需求。

1. 强化共同责任主体的应急管理制度建设

要在坚持政府作为应急管理形态核心基础上，发挥多元主体的作用，并利用政府的权威为其健康发展提供制度保障，形成政府主导、社会参与的基本格局。政府要承担应急管理的统一领导和综合协调功能，明确各级政府及其部门在应急管理中的主要职责，建立有统有分、有主有次的责任装置，对单位与个人在突发事件的组织应对、信息报送、社会动员、物资调配、预防督查、执勤值守、医疗救护、监督管理、资源整合等方面的责任、作用和地位进行明确规定。同时要充分发挥组织优势和行政优势，广泛进行社会动员、全民参与，实现短时间内的快速动员。要高度重视发挥企业与社会组织的组合力量，高效组织、充分调动各方力量的主动性和参与度，综合运用行政手段、法律手段、市场机制等多重手段有序引导其在资金筹集、灾情救助、心理疏导等方面发挥积极作用，形成广空间、泛资源的协同管理流程。

2. 强化统一指挥协调联动的管理制度建设

要强化统筹部门的权威性，发挥党中央集中统一领导优势建设反应灵敏的、高效能的应急决策指挥体系，专业应急管理部门的成立正是据此进行重大制度改革。目前应急管理部的职责定位为“防范化解重特大安全风险的主管部门，健全公共安全体系的牵头部门，整合优化应急力量和资源的组织部门，推动形成中国特色应急管理体制的支撑部门”。应急管理部门承担自然灾害和事故灾难的应对部署工作，对内要加快理顺整合新融合的公安、消防、交通、民政、水利、救援等机构职责、人员关系、资源力量。应急管理部门、卫生健康部门与公安部门作为应对突发事件的三大主责部门，需要构建全方位、立体化的安全网，实现应急资源的互补，并系统地强化与其他相关部门如环保、交通、自然资源以及粮食和物资储备等部门间的协调配合，打破条块分割、部门分割、地域分割、军地分割的界限，形成结构合理、分工明确、务实进取的应急管理制度格局。

# 第二章　应急管理体系的组织架构

## 第一节　应急管理的现行机构设置

应急管理相关机构设置要与经济社会发展情势、突发事件演化状况、公共安全的现实需求相吻合，通过从一次次现实灾难中汲取经验教训，中央政府层面不断修订、完善、调整应急管理制度体系模式，政府机构也经历多次改革。

### 一、应急管理机构的发展历程

与我国灾害和突发事件演化趋势、我国应急管理体系的目标设置以及国家层面的行政管理体制改革总方向一致，应急管理相关的政府机构设置发展变化可以分为三个阶段。

1. 第一阶段

第一阶段是1949—2003年，这一时期涉及公共安全的应急管理行为主要是以单一灾害管理为主，在重特大突发事故或复合型灾害事故中，以“依靠群众、依靠集体、生产自救为主、辅之以国家必要的救济”为救灾方针。这一时期应急管理相关的机构设置也适应单灾种的特点，适应计划经济体制与集权型结构状态，不同的管理部门根据自身的职责范围和专业特点，分别负责不同的灾害应对工作，形成较为分散化的组织形式，各部门独立开展相关工作，以专业化的各司其职为主。为有效应对此类突发事件，降低灾害损失，国家相继组建卫生、地震、水利、气象等专业性或兼业性部门，开展相关灾害的预防和处置工作。

（1）在防汛抗旱方面，1950年，中央人民政府政务院批准成立中央防汛总指挥部；1988 年，国务院和中央军委决定成立国家防汛总指挥部；1992 年 8 月 15 日，国务院办公厅发布《国务院办公厅关于国家防汛总指挥部更改名称的通知》（国办发〔1992〕45 号）：国家防汛总指挥部改名为国家防汛抗旱总指挥部，负责全国防汛抗旱工作的统一指挥和调度。在此期间，防汛抗旱的具体工作由水利部负责。

（2）防震减灾方面，1953 年成立中国科学院地震工作委员会；1969 年渤海大地震之后组建中央地震工作小组；1971 年设立国家地震局，集中统一管理地震监测、预报、科研等工作，同时各级地方政府也相继成立防震减灾工作机构；1998 年，根据《国务院关于机构设置的通知》（国发〔1998〕5 号），国家地震局更名为中国地震局，强化监督检查、组织协调应急等职能，同时将部分职能移交省级地震局和下属事业单位承担。

（3）气象灾害防治方面，前身是中央军委气象局的中国气象局于 1949 年 12 月成立，作为国务院直属机构，1994 年随着国务院所属机构的调整，改为国务院直属事业单位。承担气象灾害的监测、预报、预警、防御、突发事件应急气象保障等。

（4）地质灾害防治方面，1952 年，根据《关于调整中央人民政府机构的决议》，[1]地质部成立，其前身为全国地质工作计划指导委员会和矿产地质勘探局。1970 年地质部改设为国家计划委员会地质总局。1982 年改为地质矿产部。1998 年，地质矿产部、国家土地管理局、国家海洋局和国家测绘局共同组建国土资源部，负责地质灾害应急与防治工作。

（5）公共卫生事件管理方面，1953 年，在全国爱国卫生运动取得突出成就的基础上，中央人民政府政务院通过了在全国普遍建立卫生防疫站的决定。1954 年，中央人民政府卫生部改为中华人民共和国卫生部。2002 年中国预防医学科学院改名为中国疾病预防控制中心，承担突发公共卫生事件的相关应急工作。随着

---

[1] 《关于调整中央人民政府机构的决议》（1952 年 8 月 7 日中央人民政府委员会第十七次会议通过）。

国际国内突发公共卫生事件的高频化和复杂化，2003 年卫生部将卫生法制与监督司分设，并增加了卫生应急办公室（突发公共卫生事件应急指挥中心）。

改革开放后，为有效遏制日趋高发的安全生产事故，1986 年，煤炭工业公司改为煤炭工业局，2000 年，国家煤炭工业局之外设立国家煤炭安全监察局，2001 年在监察局基础上加设国家安全生产监督管理局牌子，2005 年调整为正部级单位，负责安全生产的监督、事故调查等工作。这一时期，主要由专门的部门或者机构应对单一灾害，防灾救灾治理体系较为集中，应急管理相关机构的设置具有鲜明的时代特色，规则和管理与时代发展水平、突发事件发展变化相适应。

2. 第二阶段

第二阶段是 2003—2012 年，2003 年“非典”疫情之后我国开始进入以“一案三制”为核心的建设阶段，根据“非典”疫情暴露出的统筹协调性、信息通畅性等方面的短板和薄弱环节，以及工业、交通和其他新兴领域突发事件的发展变化，应急管理相关机构设置开始由“应对单一突发事件”向“综合性管理”转变。非常态的危机事件的管理受到高度的重视，并且逐步向常态化的治理转变。2003 年，为适应安全生产事故的高发态势，国务院成立安全生产委员会，对口安全生产监督管理局，并于 2005 年将安监局调整升级为正部级单位，以稳定安全形势；2006 年，《国家突发公共事件总体应急预案》发布，详述领导机构、办事机构、工作机构、地方机构等组织体系，并规定设立国务院应急管理办公室。在国家统筹规划下，“纵向到底、横向到边”的应急预案体系建设推行，地方各级应急预案和应急管理办公室陆续发布和设立，负责本行政区域各类突发公共事件的协调和信息汇总等工作，以政府的应急办为运转枢纽，协调其他议事机构的管理体制逐渐形成。2018 年之前突发事件与国务院对口主管部门的明细见表 2-1-1。

这一时期，在国家应急管理体制完善和行政管理改革的总方向下，我国基本建立起职责明确、分工合理的应急管理机构体系，能够按照区域和行业的管理职责有序、有效进行应急管理工作，针对突发事件的管理趋势从举国救灾转变为更加注重对灾害风险的管控。

表 2-1-1 突发事件与国务院对口主管部门（2018 年之前）❶

| 名称 | 种类 | 主管部门 |
|---|---|---|
| 自然灾害 | 水旱灾害 | 水利部 |
| | 气象灾害 | 中国气象局/相关政府部门 |
| | 地震灾害 | 中国地震局（抗震救灾指挥部） |
| | 地质灾害 | 国土资源部/住房和城乡建设部/农业部 |
| | 草原森林 | 国家林业局 |
| 事故灾难 | 交通运输 | 交通运输部/公安部 |
| | 生产事故 | 行业主管部门/企业总部 |
| | 核与辐射 | 工业和信息化部 |
| | 生态环境 | 国家环保局 |
| 公共卫生事件 | 传染病疫情 | 国家卫生和计划生育委员会 |
| | 中毒事件 | 国家卫生和计划生育委员会 |
| | 动物疫情 | 农业部 |
| 社会安全事件 | 治安事件 | 公安部 |
| | 恐怖事件 | 公安部 |
| | 经济安全事件 | 中国人民银行 |
| | 群体性事件 | 国家信访局/公安部/行业主管部门 |

## 二、新时代应急管理的组织机构

伴随着经济、社会、人口、技术、国际环境等多方因素的影响，安全风险的复杂性和跨界性变化趋势明显，而在综合性风险的评估与应对过程中，应急管理体系中的部门分割、职责交叉等问题逐渐显现。党的十八大以后我国以总体国家安全观为理论指引和行动指南，开始构建全灾种、全领域、全过程的应急管理体系。随着应急管理相关管理职能整合的呼声和群众对公共安全相关服务的新需求，党的十九大之后，依据大部制理念的机构改革开启了应急管理的新时代。

❶ 高小平、刘一弘.《中国应急管理制度创新：国家治理现代化视角》中国人民大学出版社，2020，第 28 页。

2018 年，根据《中共中央关于深化党和国家机构改革的决定》，应急管理部组建，从管理过程、权责分配、机构职能等方面进行了创新性的调整和变革，一个全新的、具有时代意义的国家机构成立，既体现了新时期公共安全形势的发展变化，更体现了党和政府立足于人民群众，建设服务型政府的意愿和成果。

新时代我国应急管理基本形成以国安办、应急管理部（事故灾难类和自然灾害类）、公安部（社会治安类）、卫健委（公共卫生类）等管理机构为主体的模式。在此发展方向下，各级地方政府应急管理体系主要以应急管理部门、公安部门、卫生部门为主要责任体，多部门联动治理。各省、市、县（区）均建立了有主有次、有统有分在整体规划下综合协调的机制，适应当前综合性、跨领域的风险演化趋势，解决管理过度碎片化的问题，做好综合防灾减灾工作，通过应急预案体系建设、整合应急管理信息、优化应急力量与资源，实现对突发事件的科学合理应对。

应急管理部包含应急指挥中心、风险监测和综合减灾、救援协调和预案管理、火灾防治管理、防汛抗旱、地震和地质灾害救援、危险化学品安全监督、安全生产综合协调、救灾和物资保障、国际合作和救援、调查评估和统计、新闻宣传、科技和信息化等 22 个机关司局；国家矿山安全监察局、中国地震局、消防救援局、森林消防局、国家安全生产应急救援中心 5 个部属单位；国家防汛抗旱总指挥部、国务院抗震救灾指挥部、国务院安全生产委员会、国家森林草原防灭火指挥部、国家减灾委员会 5 个议事机构。组织管理消防救援队伍和油气管道、隧道应急、油气田井控、危险化学品、矿山等多支应急救援队伍。应急管理部的职责主要是：全面统筹指导安全生产类、自然灾害类的防治、监督、应急救援等工作，承担国家应对特别重大灾害指挥部工作；在预案方面负责国家应急总体预案和规划的组织编制并推进地方各级预案制定、落实、修订和演练；在应急信息方面负责建立灾情报告系统并统一发布灾情；在应急物资方面负责统筹物资并在救灾时统一调度。同时应急管理部还承担各地区、各部门应急管理的指导工作、应急力量的建设工作和灾害救助体系的建设工作等。

国家卫生健康委员会内设卫生应急办公室（突发公共卫生事件应急指挥中心），设立综合协调、监测预警、应急处置指导等相关处室，负责突发公共卫生事件的整体规划和从应急准备到响应阶段的应急管理职责，包括卫生应急和紧急医学救援工作、专项预案的组织编制和演练实施以及指导监督工作、卫生应急体系和能力建设的指导工作、突发公共卫生事件应急信息发布等；还内设疾病预防控制局，主要负责疫情相关监测、流行病学调查以及分析评价，突发公共事件应急处置、承担传染病疫情信息发布工作等。

公安部内设治安管理、反恐怖、网络安全保卫等相关部门，负责域内的治安事件和恐怖事件等社会安全事件。

## 第二节　应急管理相关机构的职责划分

现阶段，公共安全形势出现新的挑战和变化。顺应应急管理的客观发展形势、理顺管理流程、解决体制弊端是当前深化改革的关键环节。应急管理部成立以后，在党和国家的统一部署下，我国在四大类突发事件管理领域已形成以应急管理部门、卫生部门、公安部门三大机构为核心的多主体协同网络。

各级应急管理部门主要牵头自然灾害和安全生产事故领域的综合防灾减灾救灾工作，对灾害事故进行风险评估、研判，助力科学施策、精准施救。应急管理部门的主要职责是：贯彻落实应急管理工作的重大战略、决策、规划和部署；组织编制应急管理体系建设规划、相关地方性法规和部门规章、总体应急预案和安全生产类、自然灾害类专项预案并制定地方应急管理标准；建立整合应急管理信息系统，构建监测预警、灾情报告、资源整合共享制度，统一发布灾情；牵头协调从各级政府到各类社会组织之间的联动，规范管理和监督下拨、地方政府列支和接受捐赠的救灾款物，保障群众生活并接受社会监督；组织管理行政区域内的灾情损失评估核查，确保数据真实准确；对突发事件实行综合协调，统一领导和部署应急救援队伍，协调突破军地界限，衔接驻地解放军和武警部队，推进应急信息共通共享；合理规划调整应急物资储备结构，科学配备和调度应急队伍救援装备；协调应急救援队伍体系建设，统筹综合性应急救援队伍、专业应急救援队伍和社会救援力量，构建合理的培训、演练、保障体系；组织指导协调安全生产类、自然灾害类突发事件的风险评估、预案演练、应急处置、应急救援、调查评估等；建立面向公众的公共安全宣传教育和培训制度，持续推进应急管理相关理论和技术研究，推进新兴技术在应急管理实践中的应用。

卫生健康部门负责突发公共卫生事件的预防处置以及其他突发公共事件的医疗救援工作，其主要职责为：突发公共卫生事件的预案编制、评估、演练指导工作；突发公共卫生事件应急响应及处置信息发布工作；其他类突发事件的紧急医学救援工作；卫生应急体系和能力建设工作；突发公共卫生事件医疗救援的数据信息采集、汇总与分析，突发事件处置服务平台的建设与维护、卫生应急相关人员培训等；疫情相关监测、流行病学调查以及分析评价；协调调度突发事件的应急医疗救援以及急救知识普及工作。

公安部门是社会安全事件的主责部门，社会安全事件具有人为性特征，严重破坏社会平衡状态和稳定运行，危害公共安全。公安部门负责行政区域内的重大刑事案件、恐怖袭击事件、涉外突发事件、金融安全事件、规模较大的群体性事件、民族宗教突发群体事件以及其他社会影响严重的突发性社会安全事件的风险评估、预警监测、舆情管理、信息发布、应急处置工作。[1]平复社会安全事件对经济社会秩序的影响。

在三大主责部门之外，林业和草原部门负责森林和草原火灾的风险防控和基础防火设施建设等工作。国家林业和草原局内设森林草原防火司，负责指导协调林业和草原防灾减灾工作，包括组织编制火灾防治规划和防护标准、强化对火灾风险的识别监测、定期检查压实防火责任、组织指导开展森林草原安全生产、防灾减灾、防火巡护、火源管理、早期火情处理、理论研究、统计分析、地方专业

[1] 魏永忠：《警务合作理论与范式：兼论处置社会安全突发事件区域合作机制》，中国法制出版社，2017。

半专业防扑火队伍建设等工作并监督检查。自然资源部负责地质灾害的调查评价、隐患排查、为科学决策提供专业的风险监测和研判、为相关灾害性事故的精准施救提供技术支撑等；水利部负责组织编制洪水干旱灾害防治规划和防护标准并指导实施，承担水情旱情监测预警工作、重要江河湖泊和重要水工程的调度工作、洪涝灾害应急相关技术支撑工作等；粮食和物资储备部门负责救灾物资的采购、收储、轮换、日常管理以及灾时的调配工作等。

当前，我国应急管理相关部门基本实现渠道共通、各司其职、快速转交线索、密切配合处置突发事件的工作格局。

# 第三章　应急管理的准备网络

## 第一节　“整体政府”的高效协同联动

经济社会的发展和国际国内形势的变化要求应急管理要面向更多的非常规突发事件和急难险重任务，有效预防和处置既有矛盾和新生矛盾、传统因素和非传统因素交织的复杂性、系统性风险。这就需要各层级政府以及政府各部门之间、军地间更好地实现应急管理中纵向和横向的优化组合与通力协作，以一种更加正式和紧密的方式融合不同层级和来源的力量，共同应对严重威胁公共秩序的安全风险。这凸显了政府部门间在应急管理中的整合需求。我国应急管理也在分散的议事协调机构、联席会议、枢纽型的政府办事机构、综合管理型职能部门的发展变化中，不断强化应急协调联动能力，适应风险衍生性、复合性、关联性发展对公共安全的新挑战、新要求。

### 历史演进中的统筹协调机构

在国家应急管理体系发展方向的指导下，应急管理在统筹协调方面的发展有三大里程碑：一是自 20 世纪 80 年代末陆续成立减灾委员会等议事协调机构；二是成立应急管理办公室；三是组建应急管理部并作为 5 个议事协调机构所在地。

**（一）减灾委员会等议事协调机构**

1. 中国国际减灾十年委员会

1987 年，联合国大会将 20 世纪 90 年代确定为“国际减灾十年”，1989 年，我国成立中国国际减灾十年委员会。项目结束后，为适应公共安全形势变化，有效降低灾害风险及损失破坏，2005 年更名为国家减灾委员会，开展国家减灾工作方针规划制定、协调开展减灾活动等。

我国灾害较为多发，同时也是灾害侵袭影响较重的传统农业大国，1989 年 3 月 1 日，国务院发布《国务院关于成立中国“国际减灾十年”委员会的批复》（国函〔1989〕14 号），同意以民政部作为牵头单位，成立部际协调机构，更好地协调民政、经贸、外交、农业、林业、水利、建设、公安、气象、地震等相关部门的力量，提升自然灾害防治和救灾的能力。2000 年，国务院办公厅发布《关于中国国际减灾十年委员会更名为中国国际减灾委员会的通知》（国办发〔2000〕68 号），在“国际减灾十年”结束之际持续并更好地发挥国家减灾委作用，在推进减灾国际交流与合作的基础上，更侧重于国内灾害的政策方针制定和对地方防灾减灾工作的指导职责。2005 年 4 月 2 日，国务院办公厅发布《关于中国国际减灾委员会更名为国家减灾委员会及调整有关组成人员的通知》（国办发〔2005〕23 号），国家减灾委完成了从部际协调机构到议事协调机构的转变，能够更加充分地发挥减灾工作中的综合协调作用，更好地维护公共安全。

此后，地方各级政府将陆续成立的“减灾中心”“抗灾救灾减灾工作领导小组”参照国家减灾委员会调整为各级“减灾委员会”，一体相承与国家级机构进行业务衔接。全国各省、市（州）、县（市、区）普遍设立减灾委机构，成员单位涵盖民政、财政、军区、科技、商务、工信、教育、公安、国土资源、环保、住建、交通运输、林业、卫生、广电、粮食、人防、消防、地震、气象、武警、电力、航空等诸多部门，适应突发事件复杂性和跨界性变化趋势的，纵向联通、横向协调、军地联动共同做好综合性防灾减灾工作的规范性体制机制逐渐确立。在各级减灾委机构的统一组织和积极协调之下，全国各地全面推进防灾减灾能力建设，《国家综合防灾减灾规划（2011—2015 年）》（国办发〔2011〕55 号）、《国家综合防灾减灾规划（2016—2020 年）》（国办发〔2016〕104 号）陆续发布，对全国防灾减灾工作形势、规划目标、主要任务等进行了总体部署和规划，包含工程防灾减灾、应急物资储备、科技支撑、基层防灾减灾能力建设、国际交流、应急避难场所建设以及防灾减灾人才发展建设等。

减灾委员会联合气象、水利、国土等专业部门形成了综合协调、上下联通、分工协作、广泛参与的综合防灾减灾体系，为有效适应突发事件的复杂变化、有效处置系统性风险、维护经济社会的平衡状态和稳定发展发挥了突出的作用。

2. 国家防汛抗旱总指挥部

1988 年，我国成立国家防汛总指挥部，1992 年更名为国家防汛抗旱总指挥部。对口水利部门开展具体工作。我国重特大自然灾害形势严峻，干旱、洪涝灾害是威胁最大的气象灾害，对全国经济社会发展造成重要影响。各级防汛抗旱指挥部成员单位包括水利、农业、商业、住建、财政、贸易、物资、文旅、卫生、教育、气象、铁路、宣传等部门以及驻军和人民武装部，承担防汛政策、法规、规章等的制定，域内抢险力量调度，水旱灾情公告发布，相关物资调配，预案执行情况及预防准备工作督查，核查分配经费等工作。各级防汛抗旱指挥办事机构在机构改革前设在同级水行政主管部门，2018 年后设在应急管理部门，在上级人民政府防汛抗旱指挥机构和同级人民政府的领导下，落实防汛抗旱、大江大河、大中型水库管理和监督等行政责任人制度，综合协调各部门开展工作，系统有序地协调组织水旱灾害的应急准备、处置和救援工作，在防大汛、抗大旱、抢大险、救大灾中发挥了重要的统筹协调作用。

3. 国务院抗震救灾指挥部

2000 年，依照《中华人民共和国防震减灾法》《破坏性地震应急条例》和《国家破坏性地震应急预案》，国务院办公厅发布《关于成立国务院抗震救灾指挥部和建立国务院防震减灾工作联席会议制度的通知》（国办发〔2000〕17 号），国务院抗震救灾指挥部成立，统一领导、指挥和协调地震应急与救灾工作。此后，地方各级政府陆续调整行政区域内防震减灾工作领导部门，统筹开展应急指挥和处置工作。因地震灾害破坏性大、次生灾害多，涉及的相关职能部门较多，因此抗震救灾指挥部成员包括军区、武警、地震、公安、民政、宣传、教育、财政、交通、水利、农业、卫生、质监、安监、粮食、旅游、人防、畜牧、气象、消防、红十字会、通信、保险等相关部门。2018 年机构改革之前，抗震救灾指挥部办公室设在同级地震部门，承担抗震救灾指挥部日常工作。

4. 国家森林防火指挥部

我国森林资源多样良好，是绿色发展重要的生态屏障，随着经济社会的发展、人群流动和活动范围的拓展，森林火灾的风险增大，为更好地保护群众生命财产安全和林业资源，2006年，国务院办公厅发布《关于成立国家森林防火指挥部的通知》（国办发〔2006〕41号），进一步完善对森林火灾防控和扑灭工作的组织体系。2018年机构改革之前，各级森林防火指挥部办公室设在同级林业部门，成员单位包括地方军区、武警、林业、公安、司法、财政、工信、农业、交通、畜牧、民政、卫生、气象等相关部门，负责协调成员单位，进行风险隐患识别排查，对域内火灾事故的发生频率、处置情况、防治措施等及时进行信息发布，组织协调响应和救援等，2018年，国家森林防火指挥部调整为国家森林草原防灭火指挥部。[1]办公室设在同级应急管理部门。

5. 安全生产委员会

2003年，国家成立安全生产委员会，对口原安全监管局。之后各地区陆续成立安全生产委员会，负责监督检查指导协调行政区域内的安全生产工作、对区域内安全生产情况进行检查监督、事故应急救援的组织协调和事后调查处理工作等，在工业化和城市化进程推进中，在对安全生产事故的监督、管理、救援等方面发挥了重要的指挥协调作用。

自20世纪80年代末以来，顺应突发事件复杂化发展、系统性风险不断增加的变化趋势，议事协调机构有助于打破部门界限的藩篱，降低不同职能部门间共同行动的协调成本，推进了在复杂灾害中的沟通和协调。但这些机构分散运行且成员单位重叠交叉，又缺乏完善的约束制度，在应对重特大灾害时往往能力不足。

**（二）国务院应急管理办公室**

2006年，国务院应急管理办公室设立，全面履行政府应急管理职能，按照统

---

[1] 《国务院办公厅关于调整成立国家森林草原防灭火指挥部的通知》（国办发〔2018〕92号）中央人民政府网。

一部署，各省以及省内市（州）、县（市、区）政府办公厅（室）内设立应急办，以综合协调作为最关键的职责，统筹应对风险交织叠加和耦合的趋势变化，对行政区域内各类突发事件进行综合统筹和协调，以适应突发事件的复杂性和跨界性。但是，应急办存在级别不够高、权威性不足等问题，在重特大灾害中难以充分履行综合协调工作，同时，应急办、其他高层次议事协调机构、专门职能部门三者间的关系也不能完全厘清、职责划分不清晰，容易出现管理脱节、协调困难的情况。

**（三）应急管理部**

2018 年，中国应急管理体系发生重要的变革，根据十三届全国人大一次会议批准的《国务院机构改革方案》，应急管理部成立。根据方案，应急管理部整合多个部门的相关职责，加之国家防汛抗旱总指挥部、国家减灾委员会、国务院抗震救灾指挥部、国务院安全生产委员会，五个高层次议事协调机构办公室的职责统一由应急管理部承担。应急管理的主导性组织开始由虚到实发展，高层次议事协调机构的整合也进一步理顺了关系，制约应急管理体系协调发展的条块、部门、地域、军地界限藩篱逐步打破，协调联动的管理格局推进形成。

协调联动是为适应系统化、复杂化的风险，紧密联系相关各职能部门，打破界限、理顺关系，优化整合共享信息和资源，建立更加高效和深入的合作关系共同抵御灾害事故的损失和破坏。在机构改革后，应急管理部门作为全新的公共安全主责部门，在建构全灾种协同救灾方面发挥重要的作用。

一是明确职责分工。应急部门与其他相关部门在自然灾害防救、救灾物资储备等方面明确职责。应急部门负责综合性防灾减灾规划与应急预案编制及衔接工作、救灾物资储备需求品种及标准制定工作、组织协调应急救援工作、监测预警工作；自然资源部门负责域内地质灾害的防治规划和标准制定实施、地质灾害监测评估、风险排查、监测预警、救援治理工作的组织协调指导及技术支撑；水利部门负责水旱灾害的防治规划和标准制定实施工作、洪涝灾害和干旱灾害期间域内江河湖泊及重要水工程的应急水量调度方案编制和组织实施工作、灾害风险识别评估、在应急响应中提供技术支援和专业指导；林草部门负责进行森林草原火灾风险隐患的识别排查，制定规范系统的防治规划和标准，面向社会开展防火知识宣传教育工作、提升公众防火安全意识和自救技能，定期对防火基础设施、装备、巡查活动和国有林场林区草原火源管理进行检查，在发生森林草原火灾时及时进行初期处置和信息上报工作；粮食和物资储备部门负责优化应急资源储备，做好救灾物资的常态管理工作，在灾害事故中根据应急部门的动用指令保障应急物资及时有效到位。

二是建立重大事项会商制度和例会制度。推动建立应急部门、林草部门、水利部门、自然资源部门、地震部门、气象部门等为抵御重大灾害事故风险，以综合协调为核心，发挥各部门专业优势，在风险预警、会商研判、物资调集等多方面的协同联动机制，实现资源前置、落实风险管减缓与规避，最大限度减少灾情的破坏性。

三是统筹信息，资源共享。应急管理部门会同自然资源、水利、气象、林草等部门推动建立统一的信息平台，通过平台快捷传输信息影像，便利信息获取、实现信息共享。突破部门间、地域间的界限，统筹整合相关信息，在保障信息规范和信息安全的基础上，为实现人财物资源的优化配置、实现精准救援、落实多灾种和灾害链综合风险评估、依法统一发布灾情创造条件与可能。

通过正式与紧密的协调机制，以应急管理部门牵头、其他相关部门协调配合，一体化应对突发灾害的模式初步形成。同时，公安消防部队和武警森林部队的顺利转隶也更加强化了应急管理部门在应急救援中的统一领导和部署，在今后一个时期，应急管理部以及各省、市（州）、县（市、区）应急管理部门应进一步加强与其他相关部门的协调联动，同时还需强化社会动员能力建设，高效率地组织和调动社会资源和力量。

## 第二节 “大应急”理念下的队伍建设

在总体国家安全观的指导下，我国开始建立综合性的应急救援队伍体系。2018

年应急管理部成立，公安消防部队和武警森林部队正式转隶，目前的应急救援力量主要包括综合性消防救援队伍、专业性应急救援队伍、社会应急力量以及人民解放军和武警部队。当前，我国积极进行应急救援队伍建设。

1. 强化综合性消防救援队伍能力建设

综合性救援队伍主要由消防救援队伍和森林消防队伍组成，以正规化、专业化的救援水平和精干实用的综合能力在各类突发灾害性事故处置中发挥主力军的作用。在队伍建设方面，综合性消防救援队伍的职责进行了拓展，由防灭火为主责的救援范围扩大到水旱灾害、地质灾害、事故灾难等各类灾害事故，同时由生命救援为主转变为灾害风险防范为先，对标"全灾种、大应急"的任务需要。

2. 建设各级专业应急救援队伍

建设各级专业应急救援队伍主要由行业领域专业救援队伍构成，是综合性消防救援队伍的重要协同力量。在"大应急"理念下，各级专业应急救援队伍建设持续开展。以吉林省为例：吉林省专业应急救援队伍主要有 39 支，2020 年，省级应急救援力量体系纳入了涵盖省域东部、中部、西部全范围的四个救援基地和专业救援队伍。

3. 支持引导社会救援力量参与应急救援

灾害事故带来的社会需求是多层次多方面的，社会应急力量的通力合作和有序参与是科学有序的防灾减灾模式的必要环节。纵观我国社会应急救援力量的建设与发展，普遍存在起步较晚、规模尚小的问题，除少数发达地区外，大部分省份救援力量还相对薄弱。以吉林省为例：截至 2019 年，吉林省内共有社会应急力量队伍[1] 24 支，其中蓝天救援队 15 支，其他救援队 9 支。其中蓝天救援队是吉林省内社会应急的主要力量，分布于吉林省各市（州）及部分县市，上报队员数 2600 余人（均为兼职，其中超过 1000 名志愿者经过有关专业救援培训与认证），

[1] 各级民政部门登记注册和红十字会、工青妇等群团组织下属的主要开展应急业务的社会组织，以及由地方各级政府部门管理或指导的、单次应急行动中出队人数不少于 18 人的社会应急力量。

其他应急救援队伍包括以下几支。

（1）长春市应急救援志愿者协会。

（2）吉林省红箭救援队。

（3）上海金汇通用航空公司吉林分公司。

（4）磐石市石城应急救援志愿者协会。

（5）辽源市红十字应急救援队。

（6）辽源市龙山区红十字会救援队。

（7）吉林省红十字心理救援队。

（8）延边红十字应急救援队。

（9）敦化市红十字应急救援志愿者服务队。

这些社会应急力量多次参与吉林省域内各类应急救援、保障、应急演练等任务。

4. 健全军地协调联动机制

人民解放军和武警部队是我国应急处置与救援的突击力量，在遭遇重特大突发事件时，人民军队以其反应迅速、训练有素、装备精良的优势承担救援响应任务。当前我国也在着力健全军地协调联动机制，依托现有资源，以国家综合性消防救援队伍为主力、以专业救援队伍为协同、以军队和武警部队为突击、以社会力量为辅助，推动应急救援力量的一体化发展。

## 第三节 “人民为中心”的产业发展思想

我国自然灾害的多发频发、人类活动和现代化推进导致的事故灾难严重、全球化和人口大范围流动带来的突发事件防控难度的增加，这些现状对当前我国的应急管理提出了更高的要求。作为公共安全系统中最关键的部分，包含设备、产品和培训的应急物资是应急管理相关行动得以顺利开展的基础保障。使应急物资的生产和供应脱离临时性的生产，实现持续化和工业化的产业模式，对于全面强化应急管理、有效保障人民生命和财产安全，意义重大。

## 一、应急产业的特点和价值

应急产业是指生产和交易应急救援、防灾减灾等应急管理相关活动中所需的产品、技术与服务。

**（一）应急产业的相关政策扶持**

近十多年来，我国应急产业迅速崛起、日新月异，对突发事件应对能力的提升起到了积极的带动作用，为有效保障社会稳定和人民安全，应急产业所受重视程度也与日俱增：2009 年，国务院发布《中国的减灾行动》白皮书，提出抗灾救灾物资储备及运输问题；同年，工业和信息化部发布《关于加强工业应急管理工作的指导意见》，提出应急工业品的研发、生产和推广问题；2011 年，国家发展和改革委员会发布《产业结构调整指导目录（2011 年）》，首次将公共安全和应急产品作为单独的产业列入国家鼓励发展的 40 项产业当中；2014 年，国务院办公厅发布《关于加快应急产业发展的意见》，对相关政策措施扶持、产业聚集发展、产学研一体化机制、自主知识品牌建设等关键性问题提出了明确要求；2015—2019 年，工业和信息化部相继发布《应急产业重点产品和服务指导目录》《应急产业培育与发展行动计划（2017—2019）》，对优化应急产品和服务、促进应急产业的创新发展、解决关键核心技术、促进交流合作等方面进行规划，并与应急管理部、财政部、科技部联合下发《关于加快安全产业发展的指导意见》；2020 年，国家发改委发布《产业结构调整指导目录（2019 年本）》，其中 81 条直接涉及公共卫生和应急产品，着力解决的是应急产业中装备及技术水平方面的困境。这些政策文件为我国应急产业的发展指明了方向，制定了标准。以规范性文件的方式为应急产业扶持政策和应急产业发展提供了重要依据，在国家政策引导下，各相关机构、各地区都加大对应急产业发展的投入和支持力度，并积极引导社会资源投入，努力将应急产业打造成新的经济增长点。

**（二）产业规模**

当前我国应急产业处于产值高速增长期，2017 年应急产业市场规模为 11861.2

亿元，近五年平均增长率为 16.6%，见表 3-3-1。据有关部门预测，到 2025 年，我国的应急产业产值将增长至 20434 亿～23768 亿元之间，增幅达到一倍左右。[1]随着公共安全形势的变化和公众安全需求的提升，应急产业在未来将成为拉动经济增长的重要引擎。

表 3-3-1 中国应急产业市场规模

| 年份 | 2012 | 2013 | 2014 | 2015 | 2016 | 2017 |
|---|---|---|---|---|---|---|
| 市场规模/亿元 | 5635.4 | 6750.5 | 7921.3 | 9198.2 | 10314.8 | 11861.2 |
| 增长率/% | 19.22 | 19.79 | 17.34 | 16.12 | 12.14 | 14.99 |

在国家大力引导支持、全面推动应急产业科学发展的局面下，各地方也将应急产业纳入到地方政府战略性发展的策略中，推动应急产业的转型升级以及同其他产业的同步发展。目前，北京、安徽、广东、重庆等多个省（直辖市）已经把应急产业作为地方重点产业大力推动，设计、管理、监测、物流等体系逐步完善，应急产业园区和配套设施规模不断拓展。截至 2020 年 1 月底，工业和信处化部、科学技术部、发展和改革委员会公布三批次应急产业示范基地，包括全国 16 个地区，共 20 家基地。同时，北京、江苏、安徽、山东、重庆、贵州等 13 个省（自治区、直辖市）已建成首批国家应急产业重点企业。

在产业聚集发展的模式推动下，浙江省乐清市、广东省东莞市、上海市徐汇区、重庆市等都已形成具有地方特色的应急产业聚集区，其中重庆的西部安防产业基地、广东东莞的应急产业总部在全国范围内处于应急产业基地建设的前列；武汉与中国智能城市产业联盟签署战略合作协议，共同建设应急产业园；北京丰台正在积极推进国内领先的应急救援科技产业园建设；广东省已建立省级应急技术研究中心 16 个，将应急产业作为全省产业转型升级的契机之一，应急产业已经成为一个地区产业转型升级的重要发展方向。[2]

---

[1] 丁鹏玉：《中国应急产业竞争力及发展演化研究》，博士学位论文，北京交通大学，2020。

[2] 邹积亮：《当前应急产业发展的突出问题与路径探讨》，《经济研究参考》，2012（31）。

当前，我国应急产业已进入快速发展的阶段，为有效应对突发事件提供了专业的物质保障、技术支持和专业服务，发挥了非常重要的作用，在产业层面为公共安全治理提供了产业化、体系化的支撑。如在汶川地震、王家岭矿难等重特大突发事件中，破拆装备与机具、血液净化设备、排水、通风、钻井等处置救援类产品有效提升了应急救援的效率和专业性，帐篷、车辆、食物等应急保障物资有力保障了救援行动的顺利进行，使应急产业在救灾过程中起到的重要作用。同时应急产业的健康发展还提升了突发事件的监测和预警能力水平，为北京奥运会和上海世博会等重大活动以及平安城市建设等提供专业技术和设备支持。

而与快速发展的情势相对应的是我国的应急产业发展仍不够成熟，为适应新安全形势的变化，不断满足人民群众的安全需求，我国应急产业将从整体规模、竞争力、产学研合作、市场对接、行业自律等方面进一步快速发展，打造经济发展的“新蓝海”。

## 二、应急产业发展的重点领域

当前，人民群众对安全的需求不断提升，资源管理、能源供应、城乡建设、扶贫开发等都要满足综合防灾减灾的要求，应急产业的类别、形式也体现出多领域、全方位的价值，如机械制造、电子通信、交通运输、物流、电子商务、保险、医药产品生产、信息产业、培训行业等均有重要关系。按照产业形态来划分，应急产业可以划分为应急制造业、应急服务业、应急软件业和应急产品销售业，而根据我国工业和信息化部制定的应急产业初步分类标准，应急产业可以分为四类：一是在提供预防和应急准备阶段的产品和服务，包括咨询、信息采集等；二是应急处置和救援的相关产品和服务；三是灾后的后续处理，包括损失测算、保险理赔等；四是可提供多环节服务的综合性应急产品和服务。应急产业分类表见表3-3-2。

表 3-3-2 应急产业分类表

<table>
<tr><th colspan="8">按产业形态划分的应急产业</th></tr>
<tr><th colspan="3">应急制造业</th><th colspan="2">应急服务业</th><th colspan="2">应急软件业</th><th>应急产品销售业</th></tr>
<tr><td>应急装备设备制造企业</td><td>应急轻工产品制造企业</td><td>专业应急服务业</td><td>综合性应急服务业</td><td>一般性服务业中的应急服务</td><td>专业应急软件开发企业</td><td>一般企业开发的应急软件</td><td>应急产品经销企业</td></tr>
<tr><th colspan="8">按产品在应急环节作用划分的应急产业</th></tr>
<tr><th colspan="3">应急前</th><th colspan="2">应集中</th><th colspan="2">应急后</th><th>综合应急</th></tr>
<tr><td colspan="3">事件未发生前的预防性产品和服务</td><td colspan="2">应急处置时的功能性产品和服务</td><td colspan="2">后续相关性产品和服务</td><td>综合性应急产品和服务</td></tr>
</table>

根据我国应急管理发展的客观情况和突发事件的变化趋势，当前我国应急产业发展的重点领域主要是能提升应急监测和预警能力、防护水平、救援能力的技术及装备制造业，以及提升综合应急服务能力的应急产业。包括提供对四大类突发事件进行风险识别和预警的设备；设计更加便捷高效的适用于公民自救互救以及专业应急救援的防护产品；提供更专业化的适合复杂模式的救援装备和产品；高效抗干扰的应急通信产品以及为公民提供经济保障的灾害保险、提升公共安全意识和自救互救技能的应急宣传培训服务等。

## 第四节 “共建共治共享”理念推进全民安全宣传培训

突发公共事件的发生不仅是对应急管理体系的考验，也是对安全宣传教育工作和全民应急文化的考验。公共安全的宣传培训是通过多种形式、多种媒介的宣传和活动，增强社会公众的安全意识和防灾减灾技能。习近平总书记强调要坚持群众路线，社会公众是应对突发事件特别是复杂性危机不可或缺的力量，通过合理的教育规划，宣传安全知识、组织应急演练，营造全民防灾减灾的良好氛围，构建多元化的风险治理格局，带动公民参与应急行动的热情，发挥群众的力量，才能夯实公共安全治理的社会基础。

1. 完善公共安全宣传阵地建设

在宣传平台建设上，以主流媒体、新媒体、行业媒体、社会载体为主体的综合性媒体平台布局建设已经展开，既深耕广播、电视等覆盖面较大的传统主流媒体，又遵循媒介舆论生态、格局、传播技术与手段的深刻变化，开发向移动化、可视化、社交化转变的传播渠道，打通公共安全宣传与信息发布“最后一公里”，力争全面覆盖、分层分类，完善公共安全宣传阵地建设。当前我国已有多个地方应急管理部门与宣传部门合作建设应急广播、电视频道，发挥“战时应急，平时服务”的作用，既能够在突发事件中及时启动应急直播，承担起及时发布权威信息、沟通群众、舆论引导、应急决策参考以及实现社会有效动员、精准动员的重要任务，同时也将与公民自身安全与利益相关的公共安全知识、应急避险基本技能、灾害预警预报等以简洁生动、易学易懂的方式推送给社会公众。同时在新媒体平台已经初步构建起全国范围内的应急管理部门 “双微”“网站”矩阵，以传播优质应急管理内容为核心。截至 2021 年，应急管理部新浪官方微博粉丝数超过 215 万，发表政府通告、灾害预防避险及救援信息、应急演练信息、应急知识科普、防灾减灾主题活动、典型案例、雨雪冰冻等灾害天气预警及安全提示等博文 2 万余篇。通过应急广播电视体系及公共安全宣传互联网平台的建设，我国基本实现了公共安全宣传教育的信息资源整合与方式创新，实现公共安全宣传的高质量、全媒化、复合化传播。初步建立起在技术、空间上协同优化，可以策划传播优质专业内容，在雨雪、台风、城市积水等重大突发事件中发布权威信息、做好舆情引导的公共安全宣传平台窗口。

2. 组织社会宣传教育活动

当前，全国多地已经有计划、有组织地开展了“安全生产月”“防灾减灾日”等公共安全宣传教育活动，并推动公共安全宣传教育进社区、进厂矿、进农村等。通过多种形式广泛开展应急法律法规与方针政策宣传，指导生产经营企业开展公共安全培训及示范创建工作等，充分提升基层公共安全宣传教育的普及面。同时

《国家安全法》将每年 4 月 15 日定为全民国家安全教育日，为切实提升全民安全意识提供了法律保障。

3. 做好安全社区品牌传播

推动有代表性的安全社区品牌在行政区域内广泛传播，不断加强基层社区应急管理的宣传普及与专业性知识教育，也要不断整合城乡社区特有的社区文化与凝聚力等社区内的社会资本。推动各基层社区充分利用文化广场、宣传栏等场所，结合群众关注的消防、交通、安全生产、老年人及幼儿安全、运动安全、地震紧急避险、楼宇缓降逃生等主题做好社区主题景观带建设，运用应急广播、村村响、横幅标语、流动宣传车等多元化宣传方式和宣传渠道，加强突发公共事件安全风险各项措施的宣传、动员工作，并通过专题讲座、应急演练、互动体验等多种形式分层次分类别普及突发公共事件知识、帮助居民树立“每个人是自己安全第一责任人”的理念、提升突发公共事件应急管理的主体意识，掌握突发公共事件知识、提高风险防范能力，倡导居民养成良好的安全习惯，降低突发公共事件发生和传播风险等，确保将宣传工作到家家户户，充分发挥人民群众在突发公共事件应急处置过程中的主体作用。

4. 推动应急管理培训和教育体系建设

当前应急管理相关安全生产资格考试与证书管理，特种作业人员操作资格等考试与审核正在规范推进，部分高校、研究机构、党校（行政学院）等已经常态化、制度化地开展应急管理相关的培训工作，应急管理人才的系统化培养、可持续发展已成为支撑公共安全宣传教育体系长期发展、常规发展、常态化发展的根本保障。

# 第四章　应急管理相关法规与预案建设

## 第一节　应急管理相关法规编制

应急管理法律法规体系是应急管理的依据和保障，国家制定应急管理相关法律法规旨在经过非常规状态下法律制度的计划和部署，稳定应急管理相关体制和机制的核心设计，保障在突发事件的预防控制、应对处置、后续恢复等过程中的优先性、紧急性、特殊性、配合性等，其最终目的是追求非常状态下的法治。应急管理水平和能力的提升必然要经历逐步法治化的过程，在推进全面依法治国以及推动国家治理体系和治理能力现代化的现实环境下，法治对于任何一个现代化国家，对于重大突发事件的应急，对于非常规状态下的政府治理、对于有效地提升政府的应急管理能力都具有重要的意义。

### 一、应急管理相关法律法规体系框架

我国应急管理相关法律法规是统一的、在突发状况下发挥社会调节器作用的体系，经历了从分散立法到集中立法、从公法治理到综合治理的演变历程，宏观角度来讲，包括宪法中的紧急条款、一般法、专门法、行政措施四个层次。以基本法、专门法、应急配套、行政法规、部门规章为支撑，标准规范文件为配套的多层级多领域的从中央到地方的法律规范体系，应急管理法律法规体系框架见表 4-1-1。

表 4-1-1 应急管理法律法规体系框架

| 机构 | 层次 | 对应法律法规 |
|---|---|---|
| 法机构 | 第一层 | 宪法（紧急状态条款） |
| | 第二层 | 一般法（突发事件应对法等） |
| | 第三层 | 专门法（防沙治沙法、安全生产法、大气污染防治法、地方法律等） |
| 政机构 | 第四层 | 行政措施（法令、条例、规定、管理办法、标准） |

1.《宪法》中有关紧急状态的规定和立法

《宪法》是我国的根本大法，具有最高的法律效力，我国《宪法》第八十条、第八十九条，分别对国家、省、自治区、直辖市进入紧急状态做出规定，为有效维护公共安全、恢复社会秩序，对在紧急状态下的极端措施进行宪法授权。

2. 突发事件应对法

《突发事件应对法》是我国突发事件应对的法律基础，是针对各类突发事件全过程管理的基本法，于 2007 年十届全国人大常委会第二十九次会议审议通过，覆盖四大类突发事件。突发事件应对法定义了突发事件的事前、事中、事后连续性、闭环型管理，以预防和减少突发事件发生概率、减缓破坏性和危害性为目的，对突发事件全流程详细界定，对我国行政应急法制的建设具有里程碑式的意义。

3. 专门法

《突发事件应对法》规定了基本准则、职权、程序等信息，而我国的应急专门法基本属于“一事一法”或“一阶段一法”，根据不同灾种，全国人大常委会颁布了《中华人民共和国消防法》《中华人民共和国防震减灾法》等，2018 年之前我国根据突发事件分类相应的单项立法主要包括：在自然灾害方面包括《中华人民共和国森林法》《中华人民共和国防沙治沙法》《中华人民共和国防洪法》《中华人民共和国气象法》《中华人民共和国水法》《中华人民共和国水土保持法》等；事故灾害类包括《中华人民共和国大气污染防治法》《中华人民共和国海洋环境保护法》《中华人民共和国水污染防治法》《中华人民共和国安全生产法》《中华人民共和国道路交通安全法》《中华人民共和国放射性污染防治法》等；公共卫生事件类包括《中华人民共和国传染病防治法》《中华人民共和国国境卫生检疫法》《中华人民共和国食品安全法》《中华人民共和国动物防疫法》《中华人民共和国药品管理法》等；社会安全事件类包括《中华人民共和国保险法》《中华人民共和国人民防空法》《中华人民共和国银行业监督管理法》《反分裂国家法》《中华人民共和国国家安全法》《中华人民共和国公民出境入境管理法》等。

4. 行政措施

政府通常采用条例、管理办法、规划、标准等行政措施的颁布来进行本区域内的短期性、变动性、技术性较强等的应急活动的管理，如国务院颁布了《气象灾害防御条例》《突发事件应急预案管理办法》《铁路交通事故应急救援和调查处理条例》。相关部委和行业主管部门也各自出台相关法规，领域涉及防汛抗旱、地质灾害、森林草原火灾、水上保持、易燃易爆物品安全管理、道路应急管理、水路应急管理、航空应急管理、轨道交通应急管理、电力应急处理、通信应急管理、核事故应急处置、应急救援抢险、行业安全生产监督管理等。

这些规范性的法律文件共同建构了明晰完整的法律法规体系。党的十八大以来，应急管理法制工作从不同领域、不同层次进行了规范性调整和完善，国务院机构改革之后，我国也正在加快应急管理领域法律法规的制修订工作，预计将形成应急管理法+安全生产法、自然灾害防治法、消防法、应急救援组织法的“1+4”法律框架体系，包括对已有法律的补充修改和完善以及对新法律的制定。

## 二、地方法律法规标准

从地方层面看，我国各省、市（州）各级政府均依据国家层面的法律建立了适用本地特点的相关法规、实施意见、办法等。

如各省级《自然灾害救助办法》《安全生产条例》《防汛条例》《应急救援指挥工作方案》《燃气管理条例》《气象灾害防御条例》《森林防火条例》《地质灾害防治条例》《工伤保险条例》《消防条例》等；政府规章如《突发公共卫生事件应急

处理若干规定》《大型群众性活动应急预案管理办法》《生产安全事故调查处理规定》《危险化学品道路运输安全监督管理暂行办法》《防雷减灾管理办法》等；地方规范性文件如《危险化学品生产企业按风险等级监管的意见》《煤矿安全生产标准化管理体系考核定级办法实施细则（试行）》等。

各级地方应急管理出台相关政策法规、部门规章，表明了应急管理工作推进的规范化和政策支持的前瞻性。在国家层面基础上，结合各地区实际，内容涵盖应急管理人才队伍建设、应急物资储备管理、各灾种应急响应与管理、公共安全宣传教育培训等内容，体系结构比较完善，内容比较全面具体。法律的预先设定性、确定性、权威性等特征使其对突发事件中的公权力机关的职责定位、公民的权利义务等进行明确规定，达到在紧急状况中规范化、标准化施策，有效解决和有序应对，同时也可以为有效适应严峻复杂的安全环境、降低灾害事故的损失和危害、防范紧急状态下的社会冲突提供基础保障。

## 第二节 应急预案的编制和管理

应急预案制定的目的在于最大限度降低突发事件造成的损失和破坏，预先制定方案指导做好应急准备、规范突发事件应对活动以保障其顺利进行。《突发事件应对法》明确要求建立健全应急预案体系。2005 年《国家突发公共事件总体应急预案》的颁布开启了我国应急预案体系建设的序幕。在十几年的发展进程中，以“横向到边、纵向到底、横纵交叉”为建设目标稳步推进，目前已基本形成对各类突发事件全覆盖的组织结构和系统，针对各类突发事件的组织指挥、风险预警、应急处置程序、后续调查和善后处置、应急保障措施等制定完备、可操作的标准化程序，有效降低突发事件的损失和危害。

### 一、应急预案体系分类

2003 年“非典”疫情之后，我国开始推进“一案三制”建设，全国应急预案编制工作全面展开，目前我国应急预案体系由以下五个方面构成。

1. 国家总体应急预案

《国家突发公共事件总体应急预案》（以下简称《总体应急预案》）是依据宪法和相关法律法规制定的我国突发事件管理的总纲性预案，共分为六章，分别为总则、组织体系、运行机制、应急保障、监督管理和附则，《总体应急预案》对突发事件的分类、分级、工作原则、组织体系、运行机制、应急保障、监督管理进行了确定。[1]对于履行政府职责，依据程序开展应急工作，依据预案自救互救，有效控制事态、减少损失，补齐突发公共事件应对能力的技术短板，提升突发公共事件应急决策中的专业性、科学性、有效性，在全社会形成防灾救灾的良好局面具有重要意义。

2. 国家专项应急预案

国家级专项应急预案主要由国务院牵头编制，各有关部门配合，经国务院批准并发布，主要针对某一类型或某几种类型突发公共事件，目前我国国家专项应急预案共 19 项，分别为《国家自然灾害救助应急预案》《国家防汛抗旱应急预案》《国家地震应急预案》《国家突发地质灾害应急预案》《国家森林火灾应急预案》《国家安全生产事故灾难应急预案》《国家处置铁路行车事故应急预案》《国家处置民用航空器飞行事故应急预案》《国家海上搜救应急预案》《国家城市轨道交通运营突发事件应急预案》《国家大面积停电事件应急预案》《国家核应急预案》《国家突发环境事件应急预案》《国家通信保障应急预案》《国家突发公共卫生事件应急预案》《国家突发公共事件医疗卫生救援应急预案》《国家突发重大动物疫情应急预案》《国家食品安全事故应急预案》《国家粮食应急预案》，其中部分国家专项应急预案已在省市级形成分支体系。[2]

3. 省级及地方政府预案

在国家的大力推动下，全国各省（自治区、直辖市）都在不断建设和完善应

---

[1] 《国家突发公共事件总体应急预案》，应急管理部网站。

[2] 应急管理部网站。

急预案体系，市、县、乡镇及基层组织预案也在不断完善。

4. 企事业单位应急预案

按照国家应急管理的要求，我国各类企事业单位基本都制定了相关的应急预案，特别是在可预见的风险较多的行业和重点领域，基本实现应急预案全覆盖。

5. 重大活动应急预案

减少重特大事故发生、维护经济社会稳定健康运行是当前的重要目标和议题，大型活动的风险因素高度聚集，人员密集、建筑环境特点、群体行为风险、技术因素等都可能酿成重大事故，延伸灾害链条。因此，重大活动的应急预案越来越受到重视，北京奥运会、上海世博会等重大活动都制定了多种应急预案，涉及安保、交通、医疗、气象等。

总体来看，十几年间中国的应急预案体系建设工作取得了丰硕的成果，也发挥出了显著的作用，预案编制的科学性、可操作性不断提升，预案覆盖的范围和层次不断加大、加深，预案的管理也不断走向规范化和法制化。

## 二、应急预案的编制与演练

当前，各地区、各部门对于应急预案在应急管理工作中的引领和指导作用、提升应急决策的专业性和科学性的作用均有了较高的认知，预案管理在规范化、法制化的轨道上不断深化。在预案编制及修订工作中，重点是要重视对客观情况的评估和调查，包括风险来源、领域、量级、行政区域内的特点和应急资源等，充分发挥社会各方面特别是专家的作用，加强研究探索，为预案修订工作奠定坚实基础，推动应急预案体系不断健全，有助于更加及时、高效应对突发事件，保障经济发展和社会和谐稳定。

在应急预案编制方面，各地区均结合本地实际编制和修订一系列应急预案，内容总体预案和涵盖四大类突发事件的专项预案如《自然灾害救助应急预案》《气象灾害应急预案》《防汛抗旱应急预案》《突发公共卫生事件应急预案》《突发重大动物疫情应急预案》《食品安全事故应急预案》，各省指导各市及市辖各县（区）、乡镇（街道）、村屯（社区）及各企事业单位逐级加强应急预案编制修订工作。

在应急预案演练方面，近年来各地区都陆续制定完善制订应急演练计划，针对风险较大的地震、森林火灾、洪涝等灾害以及煤矿、非煤矿山、道路交通、人员密集场所等重点，结合行政区域内的实际情况出台相适配的演练计划和方案，同时当前我国各地区均已开展多部门和各类应急队伍围绕生产安全事故、地震灾害、洪水灾害、水上搜救等开展的跨部门联合应急演练，提升应急抢险救援和综合性应对能力。对紧急事件中的先期处置、联动救援、事故善后三个阶段进行演练，通过演练验证预案的可操作性程度和存在的问题，继而细化调整预案中的管理权责、人员组成、操作流程等，形成有效的循环。

# 第五章　地方政府应急管理体系建设案例

## 第一节　吉林省常见风险及重大灾害事件

### 一、吉林省常见灾害特点及成因

#### （一）吉林省常见自然灾害及成因

吉林省地处东北地区中部，以山地、丘陵、平原为主要地形，属于中纬度气候脆弱带，四季分明、冬季长且寒冷、春秋多风、全年温差较大，灾害种类多且气候性强，气象灾害较为频繁。主要的灾害包括干旱、暴雨洪涝、雪灾、大风、冰雹、寒潮、霜冻、低温冷冻、沙尘暴、雷电等。其中干旱和暴雨洪涝是最主要的两种气象灾害，而受纬度影响，雪灾、寒潮也对吉林省产生较大的影响。[1]从地域划分，吉林省东部地区湿度较大、温度较低，易出现低温冷害；西部地区温度较高、湿度较低，易出现干旱、大风灾害；中部地区易出现洪涝灾害。同时，吉林省地形地貌复杂多样，易发生崩塌、滑坡、泥石流、地裂缝和地面塌陷等地质灾害。对生产生活、通信、交通运输、环境、供水、电力、群众健康和安全等造成不利影响。

1. 干旱

干旱是人类面临的主要自然灾害，也是我国最为严重的农业气象灾害。吉林省的干旱灾害发生频率高、持续时间长、影响范围广。在有统计数据的 53 年中，

---

[1] 王云岫、秦元明：《吉林省主要气象灾害及防御指南》，气象出版社，2008。

按照中华人民共和国国家标准，吉林省有 49 年发生旱灾，其中有 45 年旱灾等级达到特旱水平，比例达到 84.91%。作为我国粮食大省，吉林省 2022 年粮食总产量达到 816.16 亿斤，位居全国第五位，肩负着维护国家粮食安全的重任，干旱对于粮食生产影响很大，经常面临抗旱保收工作。

从季节性来看，吉林省春、夏、秋三季都有旱灾发生，其中发生频率较高的是春旱，因气候季节性较强，春季气温迅速升高、降雨较少且经常出现大风天气，导致土壤迅速失墒，形成春旱灾害。1951—2000 年，吉林省发生严重春旱的频率超过 20%，从地域来看，春旱发生在吉林省西部较多，因吉林省西部地区位于松嫩平原中部、科尔沁草原东部，属于亚干旱的平原草原地带，区域内主要包括白城市、松原市、四平市，降水偏少。白城、通榆、洮南、镇赉一线以西，降水量小于 400mm，素有“十年九春旱”之说，且降水蒸发较快，有时会发生连旱。近年来，由于气候和生态环境的变化，吉林中部地区发生春旱的频率也显著增长，中部主要产粮区的长春、辽源都发生过春旱，夏秋旱近年来发生频率也呈增加的趋势，特别是 7—8 月的伏旱，严重影响农作物生长，容易造成粮食的大量减产甚至绝收。

2. 暴雨洪涝

洪涝通常由暴雨引起，我国有三分之二的国土面积受到洪涝灾害的威胁，其中以长江、黄河等江河中下游地区最为严重。可引发山洪、山体滑坡和泥石流等地质灾害。吉林省同样受到暴雨洪涝灾害的威胁，吉林省在 1956 年、1957 年、1985 年、1986 年、1987 年、1988 年、1989 年、1995 年、2010 年和 2017 年都遭遇过特大洪水灾害。从时间上来看，夏季是吉林省暴雨灾害的主要发生季节，据统计，全省水灾均发生在 6—9 月，以 7 月、8 月居多，通常可以占比全年暴雨数量的一半以上，容易引发局地、区域甚至大范围的洪涝灾害，其中 7 月份暴雨发生频率较高的主要是长春、吉林、白城，8 月份暴雨发生频率较高的主要是通化、辽源、四平、延边；从空间上来看，暴雨分布的地域差异明显，总体呈现西多东少、南多北少的分布趋势，其中长白山地区暴雨发生频率最高，其次是长春市、吉林市和四平市，延边朝鲜族自治州是吉林省境内暴雨频率最低的地区。

3. 雪灾

雪灾是由长时间大规模降雪导致的灾害，对交通、建筑、供水供暖、通信和电力等基础设施以及农业和畜牧业有较强的危害性，对人民群众的生活造成严重影响。中国是雪灾的高发区，吉林省地处中国东北中部，属于降雪次数与雪量较多的地区之一，区域性暴雪年份较多，受到地形和纬度的影响，降雪存在“高纬度和山区丘陵地带多”的情况。吉林省雪灾主要由暴雪、大雪天气引发，多发生在初冬、冬末和初春，其中吉林省长白山地区包括吉林的中南部属于雪灾致灾风险较高的地区，西北部以吉林白城市为核心的松嫩平原地区雪灾风险较低，白城地区在有统计数据的 53 年时间里仅有个别年份出现大到暴雪天气。[1]

4. 大风

大风灾害的主要影响是瞬时风力过大对地面设施和建筑物的损坏、人员安全的威胁以及持续性较长的大风带来的浮尘、扬沙、沙尘暴等灾害性天气。吉林省全省各地一般均有程度不同的大风灾害出现，发生时间主要集中在春季，以 4 月份居多，较强的大风会大量折断、损毁农作物，造成农作物机械性损伤，致使土壤水分大量蒸发，形成干旱甚至土地沙漠化，甚至形成火灾等次生、衍生灾害，是主要的农业气象灾害之一。同时，大风对于交通、供电、建筑设施等损害较大，特别是在城市生活中，建筑施工设施、广告牌、游乐设施等易在强风中被刮倒或刮断，造成人员财产损失。

吉林省大风灾害的发生区域主要在中西部地区，白城、松原、四平、辽源等地大风灾害风险都比较高，综合致灾因子和城市的脆弱易损性来评估，长春市辖区在全省范围内属于大风灾害风险最高的地区之一，白城、松原和四平地区因地势高和土壤类型的原因，属于全省沙尘暴天气最多的地区，其中以通榆、乾安、洮南和大安为最。

---

[1] 韩少帅、郭唯娜、柯长青、赵家锐、马东辉：《东北地区雪灾风险综合评价》，《高技术通讯》2020 年第 30 卷第 1 期。

5. 冰雹

冰雹这种灾害性天气在我国经常发生，对农作物、建筑物和人类安全都构成威胁，是较为严重的自然灾害。吉林省几乎每年都有冰雹发生，是威胁群众生产生活特别是农业生产的重要灾害之一。吉林省冰雹集中在6月和9月，吉林省的冰雹高频区主要位于长白山区或半山区的迎风坡，一是长白山区的靖宇、抚松、东岗一带；二是位于长白山西侧迎风坡的舒兰、吉林和永吉一带；三是东丰和梅河口附近。[1]而位于长白山脉背风坡和平原地带的珲春、延吉、长岭等地冰雹发生率较低。

冰雹的影响范围虽然比干旱、洪涝小，但是来势凶猛、打击度高，可使农作物枝叶折损、减产，每年吉林省由于冰雹造成的粮食减产可达数十万至数百万吨。严重的冰雹灾害会损毁农作物，破坏房屋、道路、桥涵，影响交通运输，损坏通信网络和输电线路等，甚至危害人民生命安全。

6. 寒潮

寒潮使寒冷空气侵袭中低纬度地区形成剧烈降温、大风和雨雪天气，是我国常见的灾害性天气。根据吉林省的气候特点和地理位置，其寒潮灾害在春季、秋季、冬季都有发生，从发生地域来看，春季寒潮发生频率较高的是辽源、白山北部和东部及延边西部；秋季寒潮大多发生在吉林西部、通化、白山北部和辽源东部。寒潮及其伴随的大风、结冰、积雪等会严重损害农作物以及设施农业的安全，影响公路、铁路特别是航空交通运输，其带来的持续低温会导致城乡电力、煤气、油气等能源使用量增大，造成相关公用设施的安全管理以及能源调度的压力；容易诱发火灾事故、一氧化碳中毒事故等衍生灾害，特别是在大型商业体、医疗机构、养老院、老旧住宅、娱乐场所等人员密集场所容易造成群死群伤的重大事故；同时也容易导致工业设备设施和管线冻裂及物料泄漏。

---

[1] 高锋、董礼仁、周宪明：《吉林省主要农业气象灾害及特征分析》，《气象科技》1998年第3期。

7. 地震及其他地质灾害

地质灾害是在自然或人为因素作用下形成的破坏性地质作用（现象）。我国地震频率高、强度大，滑坡、泥石流等地质灾害频发，是地质灾害较为严重的国家。区域性暴雨、局部洪涝、各类极端天气会增加地质灾害的发生频率，同时人类的经济活动和工程活动在超过地质环境承受力时也会诱发地质灾害。公路铁路建设、矿产资源开发、水利水电工程建设、城市建设等都可能诱发滑坡、地震、塌陷、泥石流、水土流失、地面沉降等，这使得地质灾害的防治难度非常大。吉林省的地质灾害主要是地震、崩塌、滑坡和泥石流，吉林省地震活动的主要地区为松原地区，目前松原地区仍处在地震活动高强度期。其他地质灾害主要分布在东南部山区的通化、延边、吉林、白山等地区，发生时间大多集中在汛期（6—8 月）。其中崩塌灾害风险较大的是白山地区（含长白山保护区）、通化、延边和吉林；泥石流灾害风险主要存在于白山、延边和吉林地区；滑坡风险较大的是白山和通化地区。在春汛期和主汛期要特别关注泥石流沟（河）谷，有滑坡塌陷风险的乡（镇）、村（屯），易引发的地面塌陷和地面裂缝的煤矿采空区以及地质灾害风险区的铁路、公路沿线等。要做好灾情监测预警，避免安全事故发生。

**（二）吉林省常见事故灾难特点及成因**

在信息技术的飞跃式发展推动下，城市化、全球化、信息化进程不断加快，一方面经济发展驶入快车道，实现了跨越式发展；另一方面科技的自反性造成新的风险特性，传统与非传统风险相互耦合、相互作用、相互聚集，生产安全事故高发频发，应急管理的任务十分艰巨。当前吉林省在发展过程中同样面临巨大的安全挑战，危化品、煤矿、非煤矿山、道路交通、建筑施工等行业领域容易造成重大伤亡和破坏，同时伴随城市化进程产生的燃气、旅游、电梯、高架桥、高层建筑、超大型综合体、油气长输管道等问题隐患已逐渐凸显，威胁民众的安全和经济社会的稳定发展。当前，吉林省常见的事故灾害主要包括以下几类。

1. 消防安全风险

近年来，吉林省的消防安全风险防控工作取得长足发展，火灾事故的防救能力明显提升。与我国当前总体情况相同，吉林省目前在火灾事故上虽然总体态势平稳但也存在着风险和防控短板，城市的高风险性与农村的低设防并存。在城市消防安全风险方面，高层建筑、大型商业综合体、娱乐场所、“多合一”场所、企业、仓储堆场等是城市火灾安全隐患防控的重点。高层建筑存在易被忽视的消防安全隐患，竖向井道过多、人员密集、疏散难度和火灾有效救援难度较大，是当前吉林省内城市主要消防安全隐患之一；城市地铁、地下停车场以及人防工程等开发使用的公共场所越来越多，人员越来越密集，结构也越来越复杂，给火灾防控带来很大挑战。地下建筑通常存在电气线路复杂、安全通道狭窄等问题，当遭遇突发事故之时，在人员疏散、供水、通风等方面将面临很大困难；集购物、餐饮、娱乐为一体的大型综合体因其体量、功能的巨大和庞杂以及人员的密集，一直是火灾防控和救援的重点和难点；“多合一”场所因易燃物品多、逃生难度大，也存在重大的火灾隐患；同时建筑中的防火分隔设置不到位、安全出口和通道不畅通、占用堵塞消防车通道、劳动密集型企业超量存放易燃易爆品、灭火系统和装置不能正常使用等情况都增加了火灾的隐患。

在农村消防安全风险方面，农村火灾年平均比重远超过城市，达到70%以上。农村地区的消防公共设施、消防水源和消防力量落后于城市，一些农村地区消防安全机制和制度不完善问题也比较突出。针对此情况，吉林省正在加快推进乡镇专职消防队、村屯志愿消防队、社区微型消防站等队伍建设和消防水鹤等公共设施建设，提升农村地区火灾防控和扑救能力。

同时，吉林省还面临森林草原火灾风险隐患，一是作为农业大省，每年在春季春耕备耕生产阶段，秸秆堆垛和烧除等农事用火行为都会带来较大火灾隐患。二是吉林省地处长白山脉，森林面积广阔，人员在入山旅游、户外徒步等活动中出现的违法野外用火行为也增加了森林草原火灾的风险，火灾安全防范形势严峻。

2. 安全生产事故

作为我国重要的老工业基地，吉林省占据我国“一五”计划时期156个重点建设项目中的11项，矿产、化工等传统优势项目仍然在全省经济中占据重要位置，当前，吉林省以“创新、协调、绿色、开放、共享”五大发展理念全面推进经济高质量发展和产业升级转型，但传统高危行业领域安全风险仍不可忽视。

一是矿产资源安全生产风险。吉林省地处我国东北地区中部，西邻大兴安岭，东有长白山脉，成矿地质条件较好，虽然矿产资源总量较小，但分布广、种类全，已查明资源储量的矿产 117 种。以煤矿为例，吉林省煤炭资源虽然含煤系数较低，但资源开发利用率较高，长春、吉林、四平、辽源、通化、白山、延边等均有煤矿分布，2020 年吉林省原煤产量 954.6 万吨。当前，在深刻吸取较大安全事故教训的基础上，吉林省坚持推进煤矿安全整治工作，从打击非法违法开采行为、落实安全生产责任制、健全法规体系等方面积极提升安全生产能力，并将龙家堡煤矿冲击地压灾害、江源煤业瓦斯与自然发火灾害、八连城煤矿瓦斯、道清煤矿水害、营城煤矿煤（岩）与二氧化碳突出等可能造成重大灾害的风险列为重点超前治理。在各方积极努力下，吉林省煤炭生产伤亡事故同比呈下降趋势。同时吉林省也不断推进对尾矿库的管理，对辖区内 150 余座尾矿库的安全度和运行情况进行排查，自 2020 年起尾矿库的数量原则上只减不增。但需要注意的是在安全方面仍存在部分产能落后、瓦斯超限工作、火区、采空区隐患等安全隐患，需要不断提升安全意识、持续性进行治理。

二是危化品安全生产风险。危化品，即危险化学品，一般是指易燃爆、腐蚀、具有放射性或毒害性等特征的化学品。“风险社会”概念的提出者、德国著名社会学家乌尔里希·贝克把化学产品风险列为彻底摧毁风险计算的四大支柱之一[1]，危化品在生产加工、储存、运输等环节都存在可能产生重特大事故的风险，破坏性、社会影响性和外溢性强，是目前安全生产事故的高发领域和应急管理的重点、难点。吉林作为老工业基地，化工行业较为发达。截至 2020 年 9 月，全省危险化学品和烟花爆竹企业超过 4000 家，其中危险化学品生产企业超过 90 户，主要分为糠醛、燃料乙醇、气体、油漆、酸类、炼油和其他化工类，其中吉林市的危化品

---

[1] 乌尔里希·贝克：《从工业社会到风险社会：关于人类生存、社会结构和生态启蒙等问题的思考》，薛晓源、周战超，译，社会文献出版社，2005，第 74 页。

生产企业最多，其次是长春市和松原市，经营企业包括油库、加油站、票据经营等，还有部分取得使用许可证的企业。其中危险化学品重大危险源企业、重大危险源、烟花爆竹批发企业、烟花爆竹长期固定零售网点等都需要进行针对性的管理，以保证危化品企业与城市人员密集区保持安全距离，防止企业为追求利润不遵守安全生产规定、违规堆存倾倒或私自填埋危险废物等方面而导致发生安全事故。

在以人为本的安全理念指导下，吉林省相继出台《吉林省危险化学品安全综合治理实施方案》《吉林省城镇人口密集区危险化学品生产企业搬迁改造实施方案》《危险废物等安全专项整治三年行动实施方案》《吉林省危险化学品禁限控目录（第一批禁止类）》《关于落实危险化学品重大危险源企业联合监管机制（试行）的通知》等政策法规对域内危化品安全实施综合治理，对生产经营、运输、废弃等环节推行全流程管理，并持续推动危化品企业搬离人口密集区，降低事故风险和破坏性，督促相关企业及时公告风险承诺、及时处置报警、及时管控风险，促进落实主体责任，加大对危险化学品重大危险源企业的检查力度。2020 年起，吉林省开始实施“危险化学品安全专项整治三年行动”，通过严格在准入程序上把关、及时排查化工园区风险隐患、强化从业人员安全意识和技能培训、定期开展安全宣传活动、规范危险化学品运输使用和废弃处置管理等，对危化品生产到处置全流程进一步规范化治理。

严格执行危险货物道路运输安全管理办法，严格特大型公路桥梁、特长公路隧道、饮用水源地危险货物运输车辆通行管控。加强机场、铁路车站以及与铁路接轨的专用线、专用铁路等危险货物装卸、储存场所和设施的安全监管，对不符合安全生产条件的进行清理整顿。鼓励化工园区内具有上下游产业链关联的企业运用管道输送代替道路运输。

——《吉林省危险化学品安全专项整治三年行动实施方案》[1]

---

[1] 吉林省应急管理厅网站。

此行动的目标是硬件软件齐抓共管，对相关企业的安全生产设备、安全人才队伍配备实行考核达标，同时着力做好具备专业知识和实践经验的执法人员队伍建设，以及持续推进企业搬迁改造任务，尽量将事故风险消解在萌芽之时。

同时吉林省还面临其他安全生产方面的事故风险，包括建筑施工、高空作业、企业生产中的防冻凝、防静电以及油气长输管道、天然气长输管道以及几百公里的成品油长输管道风险等，都是在工业化和城市化进程中所面临的风险。

3. 交通事故

交通事故风险是当前安全生产事故的高发领域，也是当前吉林省面临的一个重要问题。吉林省在重大交通事故方面的安全隐患主要包括积雪结冰路面、危化品运输、货车超载以及疲劳驾驶、超速驾驶等违规行为。2018 年吉林省部分交通事故简要情况见表 5-1-1。

表 5-1-1 2018 年吉林省部分交通事故简要情况

| 序号 | 日期 | 简要情况 |
| --- | --- | --- |
| 1 | 2 月 8 日 | S517 省道 1 辆压缩天然气槽车与 1 辆大客车相撞，6 人死亡 14 人受伤 |
| 2 | 6 月 25 日 | G203 国道 1 辆油罐车与 1 辆货车相撞，油罐车装载为 35 吨石脑油，大量石脑油发生泄漏，无人员伤亡 |
| 3 | 7 月 5 日 | G203 国道 1 辆液化石油气槽车与集装箱挂车相撞，液化石油气槽车发生侧翻，1 人死亡 |
| 4 | 10 月 17 日 | G203 国道连环交通事故，1 辆载 32 吨汽油的罐车发生泄漏，无人员伤亡 |
| 5 | 11 月 16 日 | G203 国道 2 辆挂车追尾，汽油槽车泄漏，无人员伤亡 |
| 6 | 11 月 27 日 | 大广高速风华收费口附近 1 辆原油浆槽车侧翻，未发生泄漏，无人员伤亡 |
| 7 | 12 月 5 日 | G203 国道 1 辆液化气槽车追尾 1 辆挂车，无人员伤亡 |

首先是危化品运输风险。危化品运输采用大型运货车辆，要求驾驶员和物流相关工作人员具备较强的技术性和专业性，如果操作不当，就可能造成重大事故甚至连锁性事故。吉林省域内吉林市、松原市的化工行业、石油开采和炼化行业

比较发达，危化品运输车辆和途经车辆相对较多。以松原市为例，2018 年，松原市 243 起消防救援支队参与处置的交通事故中，危化品运输车辆事故有 7 起，占比达到 3%。2020 年，吉林省发布《危险化学品道路运输安全集中整治实施方案》，在 2020 年 10 月至 2021 年 7 月进行集中整治，各地市通过异地经营备案、GPS 动态监管等手段力图切实做好危险品运输车辆的风险防控工作。

其次是自然环境因素风险。吉林省地处我国东北地区，冬季气温较低，会经历较长的冰雪期，团雾多发，形成积雪结冰路段，初春气温转暖之时还易发日化夜冻现象，道路交通条件极为不利。受道路积雪结冰状况影响，每年元宵节至 3 月中上旬，是吉林省道路交通事故易发频发期，道路交通风险隐患较大。需要交通、公安、市政等相关部门统筹协调，加大管控力度，做好除雪防滑工作，对弯道坡道、阴阳路段、桥梁隧道、临水临崖等风险地区以及冰雪旅游路线等人流车流集中地区强化隐患排查。

三是其他人为因素造成的交通风险。包括省域内节假日等出行高峰期车流量大的交通安全压力；容易造成群死群伤事故的货车超载情况；疲劳驾驶、酒驾醉驾、超速逆行、违法变更车道等人为造成的交通风险；农村地区农用车、面包车在农忙、婚丧嫁娶、上下学、上下工期间的人员集中运送时存在的超员超载、非法改装、无证驾驶等严重交通违法行为等。

4. 人员密集场所风险

开放性的人员密集场所、大型群众性活动安全风险是伴随人口高度聚集产生的风险。随着吉林省经济社会快速发展，学校、公共图书馆、医院、地铁、博物馆、劳动密集型企业、商场、集贸市场、车站、机场、体育场馆、宗教场所、公共娱乐场所等公众聚集场所和大型群众活动的人流量大，密集程度高，形成群死群伤的事故风险增大。

一是踩踏事故风险，大量的人员聚集流动一旦发生突发踩踏事件，将造成严重损害，体育赛事、节日庆贺（如北京密云踩踏事件、上海外滩踩踏事件）、商业活动（重庆家乐福踩踏事件）等均是踩踏事故风险的高发活动，同时，伴随现代化的推进，因事故诱发的踩踏事故也屡次发生，如在北京东单地铁站、广东地铁站都曾发生过因电梯故障、刺激性气味等诱发的恐慌性踩踏事故。吉林省应特别关注城市大型商业综合体、旅游娱乐场所、交通枢纽、学校等的事故风险隐患排查工作，特别要做好长春农业·食品博览（交易）会、东北亚博览会、大型体育赛事等的风险评估工作。

二是火灾事故风险，部分人员密集场所仍然存在使用不符合消防要求的彩钢板等易燃装修装饰材料、消防隔断不合理、消防装备配置不齐全、燃（煤）气安全隐患、消防安全通道不畅通、用火用煤用电多而火灾防控薄弱等问题。

三是传染性疾病风险，对人员密集场所的传染性疾病防控极为重要。劳动密集型企业、大型商业体、餐饮娱乐场所、车站机场、重点景点等人流高度密集，在通风消毒、安全间隔等环节出现问题，极容易造成交叉感染和群体性传播。

5. 其他安全风险

其他安全风险包括省内各类旅游景区在经过冬春转换、气温变化积雪消融后，部分野外及山区可能出现道路松软塌陷等情况；部分景区户外游乐设施受冬季停运和低气温影响，如果运行维护不充分，容易出现安全事故，特别是大型游乐设施和高风险游乐项目，在重新运行之前必须进行全面的安全风险排查。在吉林省冰雪旅游大力推进过程中，也要密切关注冰面旅游项目、冬季渔业捕捞等活动中的冰面开化坍塌等风险，人员聚集风险，冰雪项目的运动索道、展台、道路、游乐设施等的相关风险，有效防控安全事故的发生；在春节期间要高度重视烟花爆竹运输、经营、燃放等环节对安全和环境造成的风险；同时还需注意包括建筑施工、城镇燃气、特种设备等重点行业领域的安全风险等。

## 二、吉林省重大灾害事件及影响

1. 2007 年干旱灾害

2007 年吉林省遭遇了罕见的春夏秋连旱，其灾情影响范围、持续时间、破坏程度在吉林历史上都十分少见。在近六个月的干旱期，吉林省西辽河、洮儿河、霍林河等河流发生断流，全省受灾人口达到952万人，接近5%的耕地绝收，直接经济损失60多亿元，对吉林省的经济社会发展和人民生产生活造成严重影响。干旱既威胁农业生产、造成生态环境的恶化，同时增加了森林草原火灾的风险。根据旱情做好科学蓄水、人工增雨等工作，保护生态环境、科学合理地提升抗旱减灾的能力水平，是长期而艰巨的任务。

2. 2010年洪涝灾害

2010年吉林省遭遇历史罕见洪涝灾害，特大暴雨导致吉林省7个市（州）13个县强降雨创历史记录，西流松花江流域伊通河、饮马河、辉发河13条支流同时发生超历史记录洪水，4个市（州）发生滑坡、崩塌、泥石流灾害，全省基础设施损毁严重，近300条铁路、公路中断，677座桥梁损毁，51座中小型水库毁坏，81处堤防决口，超过300所学校和70所医疗机构遭受损害，通信、电力收到严重影响，超过2700座移动通信基站受灾，近90个乡镇全部或部分停电，直接经济损失超过百亿元[1]。

2017年，吉林省再次遭受暴雨袭击，一周内遭遇两场特大暴雨，影响范围包括吉林、四平、延边等6市（自治州）25个县（市、区），特别吉林市永吉县，遭遇暴雨的反复出现，受灾最为严重，超过10万人紧急转移安置，两次暴雨造成农作物绝收超过10.5千公顷，吉林省直接经济损失超过300亿元。[2]

3. 2007年、2020年雨雪冰冻灾害

2007年元宵节，吉林省遭遇了自1951年以来最强暴风雪天气侵袭，全省34个县（市）普降暴雪，雪灾共波及6个市（州），同时出现了大风和寒潮天气。雪灾造成吉林省高速公路全部封闭、长春龙嘉国际机场全部关闭、铁路列车滞留、城市公共交通受阻。通化、辽源、白山等市（县）的蔬菜大棚、牲畜家禽、农业设施、居民房屋等均受到不同程度的损害，直接经济损失近4亿元。

2020年冬季，吉林省又遭遇历史罕见的大范围雨雪冰冻天气，暴雨、暴雪同

---

[1] 《吉林遭遇历史罕见洪涝灾害》中国政府网。

[2] 《吉林遭遇严重暴雨洪涝灾害》中华人民共和国国家发展和改革委员会网站。

日并存，湿度和强度较大，涉及地区包括长春、松原、四平、白山、延边、吉林、通化，部分地区因为遭遇长时间冻雨，出现罕见的雨凇，形成严重的灾害。吉林省内大部分地区的城市交通、供电供暖供水、城市运行、设施农业、居民生产生活受到很大影响。雪灾作为吉林地区多发的且破坏性较强的灾害，要进一步强化灾害的监测预警、防御和应对工作，同时加强科普和宣传，提升群众对极端天气的重视和应对能力，有效降低灾害损失。

4. 2015 年、2019 年大风灾害

2015 年，吉林省中西部地区 24 个县市出现大风天气，瞬时最大风速 8 级以上。其中，扶余、长岭、榆树等地瞬时最大风速超过 9 级，2019 年，延边地区出现强风天气，延吉、珲春、图们、敦化等地的民房建筑、设施农业受损，草莓、烟叶等作物遭到破坏，对工农业生产和人民生活影响较大。因此，要积极做好大风灾害的防御工作，一方面及时发布大风预警，减少人员外出、停止户外危险作业、切断户外危险电源、对农业建筑等生产设施进行加固等，同时高度关注森林草原火灾情况，防止发生次生、衍生灾害；另一方面要从长期的角度通过设置科学的防风设施、坚持植树种林种草防风固化、保护和改善生态环境预防沙漠化等，从根本上缓解大风灾害的侵袭。

5. 2005 年、2020 年冰雹灾害

2005 年，吉林省榆树、双阳、洮南等 9 个县（市、区）遭遇冰雹袭击，直接经济损失超过 1 亿元；2017 年，吉林省 14 个县市遭受冰雹灾害，粮食和经济作物造成破坏，经济损失惨重；2020 年，灾害覆盖面超过十县市的冰雹灾害共有 4 次，其中白城市所降冰雹最大直径接近 50 毫米，受到冰雹及同时段大风灾害的共同影响，全省 15 个县市受灾，玉米、绿豆、水稻等农作物、居民房屋、农业设施等损失严重。

6. 2013 年松原地震灾害

吉林省松原地区近几年多次发生规模不等的地震，其中在 2013 年 11 月 22—23 日，相继发生三次 5 级以上地震，分别为 5.3 级、5.8 级和 5.0 级的浅源地震，

数万人紧急安置，经济损失超过 20 亿元。

7. 八宝煤业公司特别重大瓦斯爆炸事故

2013 年 3 月 29 日和 4 月 1 日，八宝煤业公司连续发生特别重大瓦斯爆炸事故，共造成 53 人死亡、20 人受伤，直接经济损失超过 6000 万元，事故原因系煤炭自燃发火，引起采空区瓦斯爆炸。[1]

8. 松原市乾安县“4 · 15”重大交通事故

2020 年 4 月 15 日 5 时 30 分，在乾安县境内 503 国道 286 公里处，一辆自西向东行驶的轿车与自东向西行驶的轿车及小型货车三车相撞起火，造成死亡 12 人、伤 4 人的重大交通事故。[2]

9. 松原市“10 · 4”重大道路交通事故

2020 年 10 月 4 日，吉林省松原市境内 514 省道（松哈线松原至长春岭段）39 公里处发生一起轻型仓栅式货车撞至前方同向行驶的四轮拖拉机拖带的挂车尾部后驶入对向车道，与对面驶来的轻型栏板式货车（核载 5 人，实载 16 人）相撞的重大道路交通事故，造成 18 人死亡、1 人受伤，直接经济损失 606.1 万元。[3] 2020 年就发生两起农用车非法载人引发群死群伤的重大交通事故，此类交通安全隐患亟须注意，引起警醒。

现阶段，吉林省面临的自然和事故灾难风险是多样且复杂的，当前我国改革进入到攻坚期，维护公共安全、满足人民群众对美好生活的需求已经成为政府治理的核心使命，防范和化解重大事故风险也是各级政府的重要任务和难题。一方面要强化安全监管的模式，实行常态化监管，切实做到早发现、早处置，阻断各类事故风险，将损失降到最低限度；另一方面强化应急宣传，通过楼宇电视、手机短信、新闻客户端、短视频平台等多种传播手段加大安全宣传和警示力度，特别加强对消防安全、驾驶安全、出行安全等进行针对性的重点宣传，提升民众安

---

[1] 吉林省吉煤集团通化矿业集团公司八宝煤业公司“3 • 29”特别重大瓦斯爆炸事故调查报告。

[2] 松原市“4 • 15”重大交通事故深度调查情况通报。

[3] 松原市“10 • 4”重大道路交通事故调查报告。

全意识和能力，降低自然灾害和事故灾难的人员和财产损失。

## 第二节　应急管理的协调与联动发展

### 一、吉林省应急管理相关机构的改革与发展趋势

在国家层面的方向指导下，吉林省政府机构经历多次改革。

第一阶段是1949—2003年，这一时期吉林省的应急管理相关管理机构设置与国家一致，从单灾种的特点出发组建相关部门开展灾害预防和处置工作。

公共卫生事件管理方面，1949年中华人民共和国成立之初，吉林省人民政府共设置包括民政厅、公安厅、工业厅、农林厅、粮食局、卫生处等在内的18个工作部门，卫生处负责肺结核、血吸虫、鼠疫等公共卫生事件的管理；1952年，吉林省人民政府调整所属工作部门，卫生处调整为卫生厅；1953年，在全国爱国卫生运动取得突出成就的基础上，中央人民政府政务院通过了全国普遍建立卫生防疫站的决定，吉林省卫生防疫站成立，负责卫生管理和监测；1963年，吉林省人民委员会调整恢复部分机构，恢复文教卫生办公室的机构设置；1969年，吉林省卫生厅调整为卫生局；1980年，吉林省人民政府结合实际工作情况将部门机构调整重组成37个，卫生局改为卫生厅位列其中，主要领导由省五届人大常委会于1981年3月、5月分别任命；[1]2001年，吉林省卫生防疫站更名为吉林省疾病预防控制中心，继续承担突发公共卫生事件的相关应急工作。随着国际国内突发公共卫生事件的高频化和复杂化，吉林省卫生健康委员会增设卫生应急办公室（突发公共卫生事件应急指挥中心）以强化对风险传播的阻断，提升区域内防疫知识宣传教育和突发事件处置能力。

防震减灾方面，1972年，吉林省地震办公室正式成立，为吉林省科学技术局

[1] 《吉林省人民政府志（1653—1985）》，吉林省人民政府网。

附属事业单位；1978 年，更名为吉林省地震局；1982 年，吉林省地震局上交国家地震局管理；1983 年，国务院根据地理位置和地质构造将黑吉辽三省划为同一区并设置统一的国家地震局东北地震监测研究中心，撤销各省原有的地震局，统一进行东北区域的地震监测和研究工作，研究中心设立吉林分中心，吉林省地震局改名为吉林省地震办公室，吉林分中心既是东北地震监测研究中心的派出机构，也是吉林省人民政府地震工作的职能部门，与吉林省地震办公室两块牌子，合署办公；1989 年，国家地震局和吉林省人民政府批准撤销国家地震局东北地震监测研究中心吉林分中心和吉林省地震办公室，恢复吉林省地震局建制，为正厅级单位，实行国家地震局和吉林省人民政府双重领导，以国家地震局管理为主的管理体制，承担吉林省行政区域内的防震减灾工作。[1]

气象灾害防治方面，随着国务院所属机构的调整，吉林省气象局于 1954 年成立。1983 年，吉林省气象局交由中国气象局领导。实行“气象部门与地方人民政府双重领导、以气象部门为主”的领导体制。

地质灾害防治方面，1952 年国家地质部成立，1958 年，吉林省成立地质局，1973 年，地质局划归计划委员会下设单位；1980 年，地质局上交国务院相关部门对口管理；1994 年，地质矿产局改为地质矿产厅，列为吉林省人民政府工作机构；1998 年，地质矿产部、国家土地管理局、国家海洋局和国家测绘局共同组建国土资源部，2000 年，根据《吉林省人民政府机构改革方案》和《吉林省人民政府机构改革方案的实施意见》，吉林省地质矿产厅与土地管理局合并，组建国土资源厅。

水利方面，1954 年，吉林省水利局成立，1958 年，吉林省水利局改为吉林省水利厅，1972 年调整为农林组下设水利局；1980 年，吉林省水利局恢复为吉林省水利厅，开展洪水干旱灾害防治工作等。

伴随工业化和城市化的推进，在传统自然灾害之外，生产安全事故高发、频

---

[1] 《吉林省地震局机构沿革》，吉林省地震局网站。

发，严重破坏社会秩序，阻碍经济社会发展。在此背景下，2000 年，吉林煤矿安全监察局成立，负责吉林地区煤矿安全生产的监督、事故调查等工作，之后吉林省始终按照国家的指示精神进行安监系统的机构设置和调整，适应新时期安全生产的形势和挑战，保障区域经济社会的平稳有效运行。

在防灾减灾后勤保障以及劳动保护等方面，中华人民共和国成立之初，吉林省人民政府即设置了民政厅和劳动局，1956 年将劳动局改为劳动厅；1980 年吉林省人民政府恢复后，民政厅、劳动厅列为省人民政府组成部门；1983 年，吉林省进行党政机关机构改革，将劳动厅与知识青年工作办公室合并为劳动局；1985 年，劳动局与人事局合并为劳动人事厅；1988 年，撤销省劳动人事厅，成立省劳动厅；2000 年，根据《吉林省人民政府机构改革方案》在劳动厅的基础上组建吉林省劳动和社会保障厅。[1]

第二阶段是 2003—2012 年，应急管理相关机构设置开始由“应对单一突发事件”向“综合性突发事件管理”转变。2003 年，国务院成立安全生产委员会，对口安全生产监督管理局进行制度安排，并于 2005 年将安监局调整升级为正部级单位，以降低安全生产事故的发生频次和破坏性，稳定安全形势；2006 年，国务院应急管理办公室全面履行管理职能，吉林省发布《吉林省突发公共事件总体应急预案》，规定吉林省政府应急管理办公室在吉林区划内的工作职能、权限和作用，以政府的应急办为运转枢纽，协调其他议事机构的突发事件管理体制逐渐形成。2010 年，吉林省应急委员会发布《吉林省应急委员会工作规则（试行）》，明确应急委的成员、工作职责、工作制度、会议制度、督察制度、报告制度等。吉林省应急委由主任、副主任和成员组成，省政府应急管理办公室（简称省政府应急办）是省应急委的日常办事机构，设在省政府办公厅。[2]

这一时期，吉林省基本建立起职责明确、分工合理的应急管理机构体系，能

---

[1] 《吉林省人民政府志（1986—2000）》，吉林省人民政府网。

[2] 《吉林省人民政府办公厅关于印发吉林省应急委员会工作规则（试行）的通知》，吉林省人民政府公报网络版 2011 年 2 期。

够有序、有效进行应急管理工作。2018 年之前突发事件与吉林省对口主管部门见表 5-2-1。

表 5-2-1　突发事件与吉林省对口主管部门（2018 年之前）

| 名称 | 种类 | 主管部门 |
| --- | --- | --- |
| 自然灾害 | 水旱灾害 | 吉林省水利厅 |
| | 气象灾害 | 吉林省气象局/相关政府部门 |
| | 地震灾害 | 吉林省地震局（抗震救灾指挥部） |
| | 地质灾害 | 吉林省国土资源厅/住房和城乡建设厅/农业厅 |
| | 草原森林 | 吉林省林业厅 |
| 事故灾难 | 交通运输 | 吉林省交通运输厅/公安厅 |
| | 生产事故 | 行业主管部门/企业总部 |
| | 核与辐射 | 吉林省工业和信息化厅 |
| | 生态环境 | 吉林省环境保护厅 |
| 公共卫生事件 | 传染病疫情 | 吉林省卫生和计划生育委员会 |
| | 中毒事件 | 吉林省卫生和计划生育委员会 |
| | 动物疫情 | 吉林省农业厅 |
| 社会安全事件 | 治安事件 | 吉林省公安厅 |
| | 恐怖事件 | 吉林省公安厅 |
| | 经济安全事件 | 人民银行 |
| | 群体性事件 | 吉林省信访局/公安厅/行业主管部门 |

第三阶段是新时代吉林省应急管理的组织机构。2018 年《吉林省机构改革方案》获得党中央国务院批准，开始建立相应的管理行政体系。在新时代下，我国的应急管理主体机构基本形成以国安办、应急管理部（事故灾难类和自然灾害类）、公安部（社会治安类）、卫健委（公共卫生类）为主体的模式，在此发展方向下，吉林省应急管理体系的发展主要以应急管理部门、公安部门、卫生部门为主要责任体，多部门联动治理。其中，吉林省公安厅负责省域内的治安事件和恐怖事件等社会安全事件。

吉林省应急管理厅于2018年组建，内含风险监测和综合减灾、救援协调和预案管理、危险化学品安全监督、安全生产协调、安全生产执法、救灾和物资保障、政策法规、调查评估和统计、新闻宣传、科技和信息化、应急装备管理等25个内设机构；吉林省安全科学技术研究院、安全生产应急救援指挥中心、安全生产教育中心、安全生产执法总队、航空护林中心、减灾备灾中心、吉林省防汛抗旱指挥部办公室、省防汛机动抢险队、吉林省西流松花江防汛机动抢险队等10个直属单位。当前，吉林省省市县（区）应急管理行政机构已逐渐成为应急管理的牵头协调部门。2020年，吉林省印发《关于加强乡镇（街道）、村（社区）应急管理体系、能力建设的实施意见》，规定乡镇（街道）应急管理办公室在风险排查、应急值守、信息上报等方面的职责，将基层建设为风险源头治理的发力点，明确网格员的协助工作内容以及建设基层应急救援队伍等。

吉林省卫健委内设卫生应急办公室（突发公共卫生事件应急指挥中心），负责突发公共卫生事件整体规划和从应急准备到响应阶段的管理职责：包括预案的动态管理、卫生应急相关信息发布等，同时要配合相关部门做好在其他灾害事故中的紧急医学救援工作，提高吉林省公共卫生应急能力。卫健委下辖吉林省公共卫生事件处置服务中心、疾病预防控制中心、省医疗急救指挥中心三个应急管理相关直属单位。其中省公共卫生事件处置服务中心主要负责突发公共卫生事件医疗救援的数据信息采集、突发事件处置服务平台的建设与维护、卫生应急相关人员培训等；疾控中心主要负责疫情相关监测、流行病学调查以及分析评价，突发公共事件应急处置等；省医疗急救指挥中心主要承担协调调度突发事件的应急医疗救援以及急救知识普及工作。

## 二、应急管理相关统筹协调机构的变革与发展

在国家应急管理体系发展方向的指导下，吉林省的应急管理体系也体现出分散的议事协调机构、联席会议、枢纽型的政府办事机构、综合管理型职能部门的发展变化。

1. 吉林省减灾委员会等议事协调机构

（1）吉林省减灾委员会。吉林省作为传统的农业省份，也是灾害较为多发严峻的地区，1999 年，吉林省成立吉林省减灾中心；2000 年，吉林省又成立了“吉林省抗灾救灾减灾工作领导小组”，协调民政、国土资源、农业、气象、水利、卫生等多个相关部门协同推进工作；2008 年，吉林省参照国家减灾委员会，将吉林省抗灾救灾减灾工作领导小组调整为“吉林省减灾委员会”，更好地与国家减灾机构进行业务衔接，进一步提升吉林省综合防灾减灾的能力建设。吉林省减灾委员会办公室设立在省民政厅，之后各市（州）、县（市、区）陆续成立相应的本级减灾委员会，截至 2013 年，全省市（州）、县（市、区）已普遍设立减灾委机构，成员单位涵盖民政、财政、军区、科技、商务、工信、教育、公安、国土资源、环保、住建、交通运输、林业、卫生、广电、粮食、人防、消防、地震、气象、武警、电力、航空等诸多部门。同时吉林省还成立了相应的减灾专家委员会，适应突发事件复杂性和跨界性变化趋势的，由省政府统一领导，纵向联通、横向协调、军地联动共同做好综合性防灾减灾工作的规范性体制机制逐渐确立。在各级减灾委机构的统一组织和积极协调之下，吉林省全面推进防灾减灾能力建设：省减灾委员会办公室起草《吉林省综合防灾减灾规划（2011—2015 年）》《吉林省综合防灾减灾规划（2016—2020 年）》和《吉林省防灾减灾人才发展中长期规划（2010—2020 年）》，对吉林省防灾减灾工作形势、灾害预警预报、科技支撑、应急处置、社会动员等能力建设，应急救助信息平台、救灾物资储备数据库、应急避难场所等设施建设，以及防灾减灾人才发展建设等进行了总体部署和规划。省减灾委办公室联合气象、水利、国土等专业部门构建自然灾害监测预报预警体系，建立汛前及重大自然灾害专家预测会商机制，建立了省、市、县、乡四级应急通信系统，强化全省重大灾害中的信息沟通和交流共享。同时，省减灾委办公室协调组织相关部门对吉林省自然灾害应急预案进行修订和完善、推进省、市、县、乡、村五级灾害信息员队伍培训和建设、强化救灾物资储备、积极开展防灾减灾的群众宣传工作和示范社区建设等。[1]

（2）吉林省政府防汛抗旱指挥部。吉林省重特大自然灾害形势严峻，干旱、洪涝灾害是威胁最大的气象性灾害，对全省经济社会发展造成重要影响。《吉林省防汛条例》规定县级以上人民政府设立防汛指挥机构，按照统一部署，吉林省各级防汛抗旱指挥办事机构在机构改革前设在同级水行政主管部门，2018 年后设在应急管理部门。在上级人民政府防汛抗旱指挥机构和同级人民政府的领导下，在吉林省防汛抗旱工作中发挥统筹协调作用。

（3）抗震救灾指挥部。吉林省设立省、市、县三级防震抗震减灾工作领导小组，地震发生后，自动转为抗震救灾指挥部开展工作。成员包括军区、武警、地震、公安、民政、保险等相关部门。

（4）森林防火指挥部。吉林省是我国重要林区，长白山脉作为“三江”（松花江、鸭绿江、图们江）发源地，森林资源多样良好，是东北地区重要的生态屏障，随着吉林经济社会的发展、人群流动和活动范围的拓展，森林火灾的风险增大，为保护好群众生命财产安全和林业资源，1988 年吉林省人民政府颁布《吉林省森林防火实施办法》，规定各级人民政府（行政公署）应当设立森林防火指挥部，具体负责本地区的森林防火工作。2018 年机构改革之前，各级森林防火指挥部办公室设在同级林业部门，在吉林省行政区域内开展防火救火相关协调和组织工作。

（5）安全生产委员会。安全生产委员会对口原安全监管局，从事吉林省域内安全生产相关工作。在吉林省快速推进工业化和城市化进程中，在安全生产事故的监督、管理、救援等方面发挥了重要的指挥协调作用。

与国家应急管理发展趋同，吉林省的应急议事协调机构在发挥其优势和特点的同时，也在形势发展变化中暴露出短板和不足。

2. 吉林省应急管理办公室

2006 年，吉林省机构编制委员会下发《关于吉林省突发公共事件应急处置总

---

[1] 《吉林省初步建立综合防灾减灾体系》，吉林省民政厅网。

指挥部更名的通知》（吉编〔2006〕3 号），吉林省突发公共事件应急处置总指挥部更名为吉林省应急委员会。省内市（州）、县（市、区）政府办公厅（室）内设立应急办，以综合协调作为最关键的职责，统筹应对风险交织叠加和耦合的趋势变化。省政府应急管理办公室是省应急委的日常办事机构，设在省政府办公厅，对省内各类突发事件进行综合统筹和协调，以适应突发事件的复杂性和跨界性，但是应急办的规格及权威性不足以在重特大灾害中充分履行综合协调职能，职责划分等方面也存在模糊不清的情况。

3. 吉林省应急管理厅

2018 年，我国应急管理体系发生了较重要的变革，2018 年 10 月，吉林省应急管理厅正式挂牌，吉林省应急管理厅整合吉林省安全生产监督管理局、吉林省公安厅、水利厅、林业厅、畜牧业管理局的相关职责，并加挂省煤矿安全生产监督管理局牌子，不再保留吉林省安全生产监督管理局。同时，吉林省森林防火指挥部调整为吉林省森林草原防灭火指挥部，加之吉林省人民政府防汛抗旱指挥部、吉林省减灾委员会、吉林省防震抗震减灾工作领导小组、吉林省安全生产委员会，五个高层次议事协调机构办公室的职责统一由应急管理厅承担。[1]突发事件管理的主导性组织开始由虚到实发展，高层次议事协调机构的整合也进一步理顺了关系。

## 三、新时期吉林省应急管理中的协调联动发展

协调联动是为了更好地适应当前突发事件发展的趋势变化，实现应急管理相关职能部门的资源整合和高效应对。在机构改革后，吉林省应急管理部门作为全新的突发事件管理主责部门，在统筹协调相关部门、实现全灾种协同救灾方面发挥出了重要的作用。

一是明确职责分工。应急管理部门与其他相关部门明确职责。应急部门负

---

[1] 吉林省应急管理厅网站。

责综合性防灾减灾工作；自然资源部门重心以吉林省域内地质灾害为主；水利部门主要负责水旱灾害；林草部门重心在于森林草原火灾；粮食和物资储备部门负责应急物资保障。各部门在做好主责主业的基础上，也积极在相关领域开展合作。

二是建立重大事项会商制度和例会制度。省域范围内的应急部门与其他相关职能部门在风险预警、会商研判、物资调集等多方面形成协同联动机制，在2019年防汛抗旱时期，实行应急、气象、水利、自然资源和住建等相关部门每日会商制度。森林草原火灾防控攻坚期，应急部门与林草、气象等部门根据重点时段火险形势开展数次会商，同时省应急管理厅还负责衔接军队、武警部队，会同吉林省军区战备建设局制定军地抢险救灾协调机制，保障在重大灾害事故中军地协同的通畅。

三是统筹信息，资源共享。吉林省应急管理厅会同省自然资源厅、省水利厅、省气象局、省林业和草原局等部门推动建立统一的信息平台，通过平台快捷传输信息影像，突破部门间、地域间的界限，统筹整合相关信息，在保障信息规范和信息安全的基础上，为实现人财物资源的优化配置、实现精准救援、落实多灾种和灾害链综合风险评估、依法统一发布灾情创造条件与可能。

当前，以应急管理部门牵头、其他相关部门协调配合的模式已经初步形成。今后协调联动的建设重心应偏向于社会动员能力建设，最终实现应急资源统筹调度、重大信息统一发布、科学决策动态调整、相关部门协同联动，不断提高领导集体决策和统筹调度效率。

## 第三节　应急救援队伍建设及应急产业发展探索

### 一、应急救援队伍建设方向及实践探索

在总体国家安全观的指导下，吉林省在强化综合性消防救援队伍建设的同时，

大力推进专业应急救援队伍和社会应急力量建设。

1. 专业应急救援队伍

吉林省专业应急救援队伍目前有39支，见表5-3-1。2020年，吉林省省级应急救援力量体系纳入了涵盖省域东部、中部、西部全范围的四个救援基地和专业救援队伍。其中，吉林省危险化学品应急救援基地（中石油吉林石化公司消防支队）承担中部应急联动协作区（长春市、吉林市、四平市、辽源市）自然灾害和事故灾难应急救援任务；吉林省非煤矿山应急救援基地（中国黄金吉林海沟黄金矿业有限责任公司救护队）和吉林省矿山应急救援基地（通化矿业集团救护大队）承担东部应急联动协作区（延边州、通化市、白山市、长白山管委会、梅河口市）自然灾害和事故灾难应急救援任务；吉林省油气管道综合应急救援基地（中国石油吉林油田集团公司储运保障维修中心、中国石油天然气股份有限公司吉林油田分公司消防支队），承担西部应急联动协作区（白城市、松原市）自然灾害和事故灾难应急救援任务。[1]全省的专业救援队伍在省应急管理厅和所在地应急管理局的管理和调遣下，按照所在应急联动协作区的划分，实施快速专业的调动响应，承担本区域自然灾害和事故灾难的应急救援任务。

**表5-3-1 吉林省专业应急救援队伍清单**

| 序号 | 队伍名称 |
| --- | --- |
| 1 | 长春市矿山救护队（长春羊草煤业股份有限公司救援队） |
| 2 | 长春市双阳区矿山救护队 |
| 3 | 长春市九台区矿山救护队（吉林省宇光营城矿业公司） |
| 4 | 吉林省龙家堡矿业有限公司救护中队 |
| 5 | 吉林省防汛机动抢险队 |
| 6 | 长春市双阳区北部森林消防专业队 |
| 7 | 国网长春供电公司应急救援基干分队 |

[1] 《吉林省应急管理厅关于进一步加强区域应急联动工作的通知》（吉应急救援预案〔2020〕237号），吉林省应急管理厅网站。

续表

| 序号 | 队伍名称 |
| --- | --- |
| 8 | 民安（吉林市）矿山救援队 |
| 9 | 蛟河市矿山救护队 |
| 10 | 吉林新鲁班建设工程集团救援队 |
| 11 | 吉林省西流花江防汛机动抢险队 |
| 12 | 吉林省舒兰市林业局森林消防专业队 |
| 13 | 吉林市蛟河市林业局海青森林消防专业队 |
| 14 | 国网吉林供电公司应急救援基干分队 |
| 15 | 四平市非煤矿山应急救援中心（四平昊融银业有限责任公司救护队） |
| 16 | 四平市林业局森林消防专业队 |
| 17 | 国网四平供电公司应急救援基干分队 |
| 18 | 辽源矿业（集团）有限责任公司救护大队 |
| 19 | 辽源市林业局森林消防专业队 |
| 20 | 国网辽源供电公司应急救援基干分队 |
| 21 | 通化钢铁股份有限公司应急救援大队 |
| 22 | 通化化工股份有限公司救援队 |
| 23 | 通化市辉南县林业局大坦平森林消防专业队 |
| 24 | 通化市柳河县林业局森林消防专业队 |
| 25 | 国网通化供电公司应急救援基干分队 |
| 26 | 白山市长白县林业局母树林森林消防专业队 |
| 27 | 白山市抚松县林业局兴隆森林消防专业队 |
| 28 | 国网白山供电公司应急救援基干分队 |
| 29 | 国网松原供电公司应急救援基干分队 |
| 30 | 白城市洮南市林业局森林消防专业队 |
| 31 | 国网白城供电公司应急救援基干分队 |
| 32 | 珲春矿业（集团）有限责任公司救护大队 |
| 33 | 吉林省航空护林中心 |
| 34 | 延边州汪清县林业局百草沟森林消防专业队 |
| 35 | 延边州敦化市林业局森林消防专业队 |
| 36 | 延边州和龙市林业局长兴森林消防专业队 |

续表

| 序号 | 队伍名称 |
| --- | --- |
| 37 | 国网延边供电公司应急救援基干分队 |
| 38 | 长白山保护中心风灾区森林消防专业队 |
| 39 | 长白山保护中心长头道保护站森林消防专业队 |

数据来源：吉林省应急管理厅网站。

2. 社会应急力量

在社会应急力量方面，截至 2019 年，吉林省内共有社会应急力量队伍[1] 24 支，其中蓝天救援队 15 支，其他救援队 9 支。

蓝天救援队是吉林省内社会应急的主要力量。吉林省内蓝天救援队最早成立于 2013 年，目前已发展到 15 支队伍，分布于吉林省各市（州）及部分县市，上报队员数 2600 余人（均为兼职，其中超过 1000 名志愿者经过有关专业救援培训与认证）。多次参与省内各类应急救援、保障、应急演练等任务。主要包括：辅助吉林省红十字会、长春市红十字会多次开展应急救护知识普及培训，累计受益人数超过 5 万人；辅助公安机关参与刑事案件侦破；参与省内洪水、翻船、山岳等救援任务；辅助参与农博会、汽博会等大型群众性保障。截至 2019 年，吉林省蓝天救援队 15 支队伍累计出队总服务时长超过 10 万小时。

其他应急救援队伍有以下 9 支（数据均截至 2019 年）。

（1）长春市应急救援志愿者协会。成立于 2016 年，共有队员 320 人，其中专职人员 40 人、志愿者 160 人。擅长城市搜救、山地救援、医疗救助等方面救援。累计救援救灾 15 次，累计救援救灾出动 300 余人次，队员年平均培训时长近 100 小时。

（2）吉林省红箭救援队。成立于 2016 年 12 月，共有队员近 200 人，其中专

---

[1] 各级民政部门登记注册和红十字会、工青妇等群团组织下属的主要开展应急业务的社会组织，以及由地方各级政府部门管理或指导的、单次应急行动中出队人数不少于 18 人的社会应急力量。

职人员10人。救援队擅长水上救援、医疗救助、后勤保障等方面救援。累计救援救灾超过60次，累计救援救灾出动超过千余人次，队员年平均培训时长近200小时。

（3）上海金汇通用航空公司吉林分公司。成立于2018年11月，共有队员40人，其中专职人员20人，擅长建筑物坍塌救援、绳索吊运、医疗救助等方面救援。累计救援救灾8次，累计救援救灾100人次。

（4）磐石市石城应急救援志愿者协会。成立于2017年，共有队员101人，其中志愿者71人。擅长医疗救助、后勤保障等方面救援。累计救援救灾超过60次，累计救援救灾超过700人次。

（5）辽源市红十字应急救援队。成立于2017年，共有23名队员，包括11名专职人员和12名志愿者。市红十字会专职副会长任总指挥，目前救援队有2名吉林省红十字会救援队队员。擅长医疗救助、后勤保障方面救援。

（6）辽源市龙山区红十字会救援队。组建于2017年，共有42名队员，其中37人为志愿者，是以医疗救助、后勤保障为主的社会救援队伍。

（7）吉林省红十字心理救援队，成立于2015年5月，有志愿者30人。主要进行心理干预方面救援。

（8）延边红十字应急救援队，成立于2014年11月，共有队员82人，其中专业队员28人。擅长车辆救援、城市搜救、医疗救助等方面救援。累计救援救灾10次，累计救援救灾超过100人次。

（9）敦化市红十字应急救援志愿者服务队，成立于2013年7月，队员90余人，其中专职队员30人。救援队伍擅长水上救援、山地救援等方面救援，累计救援救灾超过30次，累计救援救灾1000余人次。

总体而言，吉林省社会应急救援队伍力量总体规模小，专业救援能力、救援范围和水平还需提升，难以承担许多急难险重的救援任务。同时在登记注册、专业培训、救援人员安全保障等方面存在一定障碍。

## 二、应急产业发展现状及趋势

当前，吉林省应急产业处于快速发展的阶段，在国家的高度重视与支持下，2015 年，吉林省人民政府办公厅发布《关于加快应急产业发展的实施意见》，2018 年，吉林省工信厅会同省应急厅、财政厅、科技厅联合下发《关于加快全省安全产业发展的实施意见》，进一步指导和推动全省应急产业发展。近年来，吉林省各地结合产业发展实际，紧紧围绕汽车、化工、装备制造、电子信息、新材料等产业优势，推动全省应急产业进入到快速发展阶段。截至 2019 年，全省应急产业相关企业已达 200 余户，实现产值 300 亿元以上。培育了长春远洋矩阵、北方灌装、吉林东杰科技、四平顺达电子等几十家具有较强竞争力的应急产品研发、制造和服务企业；形成了以长春经开区为代表的应急产业示范园区；推进了辽源利源铝业汽车防撞梁、四平德天诺汽车安全气囊等一批重点项目建设。全省应急产业发展初见成效，产业规模不断壮大，应急技术、产品和服务保障体系正逐步形成。

### （一）重点地区辐射带动作用显著增强

全省应急产业相关企业主要集中分布在长春、吉林和辽源地区，其中长春地区应急产业企业户数超过全省总数的 40%。龙头企业集聚作用明显，长春市以一汽集团为依托，围绕汽车主被动安全，建设了汽车配件、汽车安全系统、汽车电子等一批应急产品生产企业，培育了北斗导航位置服务等安全防护控制类 IT 技术产品和服务企业。长吉辽应急产业核心区基本形成，对全省应急产业发展辐射带动作用逐渐显现。

### （二）应急产业示范园区初具规模

在相关部门的推动下，长春市发挥自身优势、集中力量发展应急产业，以长春经济技术开发区为依托，以汽车主被动安全产品为主导，以专用车园区、高技术产业园和科创广场等为载体，打造应急产业示范园区，并积极争取建设成为国家级示范园区。目前，应急产业的发展及其创造的产值已经在全区工业总产值中占据重要位置。

**（三）技术创新体系逐步建立**

当前，吉林省已初步形成了以政府部门推动，大专院校、科研院所为平台，重点企业参与的应急产业技术创新体系。吉林省安科院依托现有资源建立了全省安全事故预防、检测检验等重点实验室，省内高校依托应急产业相关学科建立了技术研发中心及科研平台，一汽、长客、吉化等重点企业都建立了应急产品技术研发中心，吉林省各地均有代表性企业并自主研发了具有核心竞争力和品牌价值的系统化、集成化、多功能产品，推动科研成果产品化、应急产品市场化。

**（四）应急服务体系逐步完善**

为有效发挥应急服务机构作用，全省相继成立了应急管理学会、安全科学与工程学会等多家专业化行业组织。包括长春煤炭科技中心、长春煤炭设计研究院等煤矿生产能力核定机构、安全评价和检测检验机构，以及其他各类应急产业相关技术服务机构等。为全省应急产业企业在宣传教育、行业培训、检验检测、安全评价、技术分析鉴定以及推广应用先进技术、工艺和装备等方面提供了保障。

近年来，吉林省应急产业的不断发展，不仅在应对灾害时发挥出了重要的作用，同时应急产业的发展也带来了经济效益以及带动其他行业的发展。应急产业与传统工业制造业和高科技产业的有机融合，发挥出了相辅相成的作用。应急教育和培训产业的发展，有效提升了公众安全能力和意识。应急产业的发展也开创了地方政府、企业、社会的新型合作关系，将公共产品与市场相结合，有利于促进供给侧改革，培育新的地方经济增长点。

## 第四节　法律法规体系的完善与创新

### 一、吉林省地方应急管理相关法律法规标准制定

为实现应急管理治理水平和能力的提升，吉林省依据国家层面的法律建立了

适用本地特点的相关法规、实施意见、办法等。

地方性法规如《吉林省自然灾害救助办法》《吉林省安全生产条例》《吉林省防汛条例》《吉林省应急救援指挥工作方案》《吉林省燃气管理条例》《吉林省气象灾害防御条例》《吉林省森林防火条例》《吉林省地质灾害防治条例》《吉林省工伤保险条例》《吉林省消防条例》等；政府规章如《吉林省应急管理厅专家管理办法（试行）》《吉林省突发公共卫生事件应急处理若干规定》《吉林省公共数据和一网通办管理办法（试行）》《吉林市大型群众性活动应急预案管理办法》《吉林省生产安全事故调查处理规定》《吉林市危险化学品道路运输安全监督管理暂行办法》《吉林省防雷减灾管理办法》等；地方规范性文件如《全省危险化学品生产企业按风险等级监管的意见》《吉林省煤矿安全生产标准化管理体系考核定级办法实施细则（试行）》等。

相关政策法规、部门规章的陆续出台，结合了吉林地区实际，内容全面具体。法律对突发事件中的公权力机关的职责定位、公民的权利义务等进行明确规定，可以达到出现紧急状况时规范化、标准化施策，有效解决和有序应对。同时，也可以为有效适应严峻复杂的安全环境，降低灾害事故的损失和危害，更有效地维护社会秩序。

## 二、吉林省应急预案的编制与演练概况

吉林省高度重视应急预案在应急管理工作中的引领和指导作用，预案管理在规范化、法制化上不断深化。

在应急预案编制方面，吉林省结合本地实际编制和修订一系列应急预案，总体预案为《吉林省突发事件总体应急预案》，专项预案包括《吉林省自然灾害救助应急预案》《吉林省气象灾害应急预案》《吉林省防汛抗旱应急预案》《吉林省地震应急预案》《吉林省突发地质灾害应急预案》《吉林省安全生产事故灾难应急预案》《吉林省城市轨道交通运营突发事件应急预案》《吉林省大面积停电事件应急预案》《吉林省突发环境事件应急预案》《吉林省通信保障应急预案》《吉林省重污染

天气应急预案》《吉林省网络与信息安全事件应急预案》《吉林省突发公共卫生事件应急预案》《吉林省突发重大动物疫情应急预案》《吉林省食品安全事故应急预案》《吉林省粮、油、盐应急预案》《吉林省金融突发事件应急预案》。其中特色较为鲜明的如《吉林省森林火灾应急预案》，针对境内拥有东北地区重要林区和“三江”（松花江、鸭绿江、图们江）发源地的长白山脉的实际情况，根据森林特点与省内实际情况组织编制并修订了《吉林省森林火灾应急预案》，对森林防火的组织指挥体系、预警监测、初判响应、应急处置、扑火力量保障、运输保障、通信保障、扑火物资保障等作出明确规定，并常态化组织森林火灾应急演练，取得了连续 39 年无重大森林火灾的成果，有效地保护了广袤的原始森林这一东北地区重要的生态屏障，有效地保护了群众生命财产安全和林业资源；又如《吉林省地震应急预案》，根据吉林省地理位置、地震带状况组织编制并修订了《吉林省地震应急预案》，并指导各市及市辖各县（区）、乡镇（街道）、村屯（社区）及各企事业单位逐级加强地震应急预案编制修订工作。对地震中的灾情速报、响应救援、卫生防疫、社会动员等方面作出明确界定，以迅速有效应对处置地震灾害，防止地震引发的巨灾。同时针对省内地震风险较高的区域，推动各基层单位提高地震应急预案的具体化、实用性和可操作性，如明确通信方式、图示、逃生路线、应急避难场所、应急储备物资等，为地震应急处置提供重要支撑。

在应急预案演练方面，从 2010 年起，吉林省每年都制订省级应急演练计划，近年来省级应急演练项目均超过百项。针对风险较大的地震、森林火灾、洪涝等灾害以及煤矿、非煤矿山、危险化学品、道路交通、人员密集场所等为重点，层层制定具体演练计划和工作方案，多部门和各类应急队伍围绕生产安全事故、地震灾害、洪水灾害、水上搜救、突发环境事件和舆情引导等应急预案要求，展开联动应对，提升应急抢险救援和综合性应对能力。在地震应急演练中，模拟训练灾情会商研判和指挥调度，救灾过程中的技术支持和后勤保障，全过程的信息发布和舆情情况模拟等；在火灾事故模拟实战应急演练中，检验危险化学品应急救援队在事故状态下的综合指挥、快速反应、应急处置和协调作战能力；在台风暴雨山洪灾害演练中，检验人员搜救、抢救伤员、物资转移、加固堤坝以及防汛抗台工作中的组织指挥程序，考察面对突发的物理性破坏冲击下的快速、综合应变能力，以及复杂情景下的整体作战水平；同时，针对暴雨、大风极端灾害天气侵袭导致的电力损坏、高速公路隧道突发事件等，对紧急事件中的先期处置、联动救援、事故善后三个阶段进行了演练，通过演练验证预案的可操作性和存在的问题。

# 第六章　应急管理体系建设面临的新问题

## 第一节　应急统筹组织和协调问题

当前，非常规性突发事件的高发频发、公共安全形势的严峻复杂，对治理系统性风险提出了更高的要求，防范化解重大安全风险成为各级应急管理部门的首要任务，2018 年国家行政机构改革，应急管理部的成立旨在增强应急管理的专业性、系统性、整体性、协同性，优化公共安全资源的协调配置。2019 年，应急管理部组建后的首次全国应急管理工作会议指出，各级应急管理部门要“敢于善于统筹协调”。2018 年之后，在各省机构改革方案获得党中央国务院批准后，各省市县（区）应急管理厅、局陆续组建，本着优化协同、常态高效的理念，应急管理的体制创新调整取得了突出的成效。但在情势不断变化、公民安全需求日益提升的背景下，统筹协调问题作为现代应急管理的核心能力，在效率和效能上仍存在一定的问题，需要进一步提升和完善。

### 一、牵头协调机构权威性问题

应急统筹协调的目的，在于跨越行政边界，在面对复杂性和跨界性的风险特别是急难险重任务中，通过预先设立的权威性或制度性协调，减少部门间、不同力量间的阻碍，在信息沟通、资源共享、人员协调分工等方面形成高效深入的合作关系，畅通信息传递、综合相关部门的专业职能和优势联防联控，减少政府资源内耗，以高效、畅通、优化的资源配置做好复杂风险的隔离和阻断，最大程度地发挥管理效能。

从牵头协调机构来看，各级应急管理部门、卫健委、公安部门是应急管理的“三驾马车”，其中应急管理部门是各行政区域内自然灾害和事故灾难的主责部门，也是应急管理最大的专业职能部门；卫健委是域内公共卫生事件的主责部门，需要对面向社会常规运行的庞大复杂的医疗系统进行统筹协调，以发挥其卫生应急职能；公安系统是社会安全事件的主责部门，需要在侦查打击犯罪、维护社会治安同时履行其应急职能。

根据国家机构改革的安排，应急管理部门成立后整合 13 项应急管理职责，同时承担高层次议事协调机构办公室的职责。公安消防部队和武警森林部队转隶，安监执法队伍和应急救援力量整合，应急管理开始办事机构和工作机构一体化进程，应急管理的组织协调和指挥能力提升，主导机构开始由虚到实的转变，加快了解决突发事件管理机构设置与职能配置中存在问题的进程，为建立新的协调机制创造了条件、理顺了关系、优化了职能、强化了力量。省级应急管理厅下设应急指挥中心，承担全天候应急值守工作，结合突发事件发展的趋势和变化，充分发挥技术支撑作用，通过视频连线、现场图像和数据回传对突发公共事件进行科学的现场信息采集、指挥调度、会商研判等，对自然灾害和事故灾难进行监测预警，作为组织协调中枢衔接驻地解放军和武警部队参与应急救援工作。

伴随突发事件的密集性、叠加性、复杂性、跨界性、扩散性不断强化显现，为适应更加复杂的公共安全形势并基于防范化解重大风险的需求，应急管理需要更加整体性、系统性和协调性发展，进一步形成统一指挥、协调联动的制度格局以及与之相匹配的权威机构。发挥集中统一领导优势建设反应灵敏的、高效能的应急决策指挥体系，是化解重大风险、适应新形势应急管理的必然要求，而在重大突发事件中，应急管理的牵头协调机构往往面临权威性不足的问题。

从应急管理部门来看，大部制改革中应运而生的应急管理部门面临着“上管天、下管地、中间管空气”的无边界责任与自身权力资源有限的矛盾处境。一方面应急管理部、厅（局）组建后，基本实现了对自然灾害类和安全生产类两大类突发事件的全流程管理，并且全国上下陆续实现了应急职能的实体化，使应急管理部门成为一个完整的系统，从横向专业分工与纵向上下联通两方面有效缓解了碎片化问题。但是受到机构编制的限制，其他应急管理专业职能部门转隶到以安监部门为基础构建的应急管理部门的人员有限，但相关职责却增加了，任务更加繁重且面临人事变动、职位升迁、岗位调整等诸多变化，存在“事多人少责任大”的情况。同时，应急管理机构定位是防范化解重特大安全风险的主管部门、健全公共安全体系的牵头部门，但是目前对于社会安全事件的协调应对还没有完善、明确的制度方案，应急管理部门如何利用专业优势协调和有效参与本行政区域范围内的卫生应急、交通应急、动植物疫情应急、核应急等问题，是当前面临的难题和挑战。另一方面是在向扁平化部门协作方向推进的过程中也暴露出牵头横向协调其他部门的权威性不足问题，在应急管理部门主责的两大类突发事件特别是事故灾难中，虽然也存在相关职能部门间职责交叉重复的情况，但在应急综合协调中基本可以形成有效的合作网络，应急管理部门的中心性得以发挥。但是在承担协同应对职责的两大类突发事件中，辅助作用发挥有限。应急管理部门的优势在于综合性，发挥协调合作的作用，但是新成立的应急管理职能部门虽然是具有综合性和统筹性的专职应急管理组织机构，在行政级别上与其他政府职能部门处于平级水平，在强调制度化和稳定性的科层制体系中，机构级别和领导权威是沟通协调的重要影响因素，目前应急管理部门作为主要的应急力量，在跨部门协调方面缺少完善的法律法规和制度化授权，且基础弱、底子薄，在缺少政府高级别行政首长牵头组织的情况下，协调成本和难度较大。

公共卫生部门同样存在协调的权威性不足的问题，应急统筹协调的统一组织力不足。公共卫生部门在政府序列中并没有被突显明确的统筹协调功能性，在重大突发公共卫生事件中，卫生部门难以以牵头组织机构的地位充分发挥其在资源整合中的作用，充分调动各方力量高效合作进而在安全管控和卫生应急处置等方面形成应对的合力。

当前，伴随着应急管理向着综合性治理模式转变，综合统筹协调得以强化，各部门的联系更加紧密化和制度化，但是目前各领域的灾害风险信息数据的收集、存储和处理还未完全打通，同时在应对单灾种灾害时，通常仍然需要调动相关专业部门的专业技能和应急资源进行协作和配合，如气象、水利、地质等灾害。因此，增强牵头协调机构的权威性，建立高效的部门间应急协调机制，提升协调能力，是尤为重要的。

## 二、同级职能部门分工配合问题

总体国家安全观指导下的应急管理改革对我国社会治理体系的优化整合起到了重要的作用，面对风险的高频次、复杂性、跨区域的发展变化，特别是重大突发公共事件的影响程度、传播速率都在不断升级扩大，极有可能造成社会生产、公共交通、物资保障体系的停滞，基础设施损毁等严重影响，打破社会的平衡状态和有效运行。而应急事态也极有可能会超出卫生、应急、交通、消防、公安等单一部门的应对能力，要打好多主体参与的总体战，各相关部门全面协调，全方位开展工作。以应急部门的综合统筹配合其他部门的相关专业优势进行综合优化应对，有效改善集权型体系与分权型体系存在的信息沟通问题和资源分散问题，才能在前所未有的严峻挑战中补齐短板和漏洞，有效降低重大突发公共事件的社会危害。特别是对于可能出现的危化品重大危险源、特大交通事故、冰雪灾害、流行病、水旱灾害、森林草原火灾等，急需综合协调各个相关部门系统处置，在对各类综合性、复杂性灾害事故的风险扩散链条、现场情境、应急资源状态等基本情况充分评估的基础上，消解碎片化的弊端、打破部门分割、克服本位主义，建立更为正式和紧密的机制协调，调动各部门的应急资源，以制度化的安排实现救援效率的最大化，否则很难达到相对较佳的处置效果。如天津港“8·12”火灾爆炸事故，对于易燃易爆危险化学品的抢险救援和现场清理中，就动员了包括防化部队、消防救援、医疗卫生、环境监测等多部门人员。以灭火、防爆、防化、防疫、防污染为重点，统筹组织协调解放军、武警、公安以及安监、卫生、环保、气象等相关部门力量，积极稳妥推进救援处置工作。共动员现场救援处置的人员达 1.6 万多人，动用装备、车辆 2000 多台，其中解放军 2207 人，339 台装备；武警部队 2368 人，181 台装备；公安消防部队 1728 人，195 部消防车；公安其他警种 2307 人；安全监管部门危险化学品处置专业人员 243 人；天津市和其他省区市防爆、防化、防疫、灭火、医疗、环保等方面专家 938 人，以及其他方面的救援力量和装备。[1]

但在当前应急管理工作中，跨部门协调与分工配合仍是难点和痛点问题。不同层级政府间以及同级政府部门间在组织支援、信息沟通、物资保障等方面仍未能有效整合，仍需要制度化建设的进一步推进，细化相关条款，总结经验不足，消除协调机制在应对突发公共事件中存在的管理“灰色地带”和“多重管理”等问题。特别是在突破行政管理边界的重大公共突发事件中仍存在因应急力量和信息统筹协调问题所造成的对应急决策、救援行动、物资调配、任务执行等方面的负面影响，以及由此产生的对应急资源的浪费和应急处置效果的减低。

一是应急管理中各机构单位的职责没有完全厘清理顺，管理事权划分与部门协调方面的法律法规和标准还不健全。机构改革后《突发事件应对法》修订工作刚刚启动，应急管理部门与其他相关部门、行政机构与社会组织，以及军地之间还需要科学划分管理边界。纵向和横向的应急协同中的协同主体、责任归属、方式手段、程序层级、适用范围、资金保障等尚未明确。因此虽然在职能常态化建设中取得了重要进展，应急管理部门在资源调度及力量共享上具备更大的组织优势与行政优势，但也容易形成“突发事件管理是应急管理部门一家的事情”的认识，在职责划分没有完全厘清的情况下以同级协调同级，在党政军群不同的组织文化和话语体系中是有一定困难的。

二是缺乏应急管理相关部门协同的规范性策略、方案和制度框架。各级应急管理部门与其他两大公共安全主责部门卫生部门及公安部门缺乏协同应对重大突发公共事件相关的制度和措施以及系统化、常态化的密切联系。应急管理部门在与自然资源、林草、气象、发展和改革委员会等其他相关部门的新型关系确立中，

---

[1] 《天津港“8·12”瑞海公司危险品仓库特别重大火灾爆炸事故调查报告》，第 20-21 页。

各地虽已普遍形成厅际联席会议制度和会商研判制度，在预警响应、物资调集等方面达成初步统一，但仍然缺少以法律形式构建的应急管理协作制度框架，未能达到新型公共安全治理扁平化、制度化、信息化、规范化的需求，机构设置、管理权责、人员组成等仍需进一步明晰细化，多层次、全方位的应急管理网络还需继续完善。

在迈向后工业化的进程中，公共安全风险已经呈现出复杂性和跨界性的特点，进一步健全突发公共事件所涉及的相关政府职能部门的统筹协调机制，构建统一指挥、权责一致的扁平化组织体系，是当前的重要任务。

## 三、统一、集约、高效的应急物资保障体系建设问题

应急物资是突发事件应对全过程中所必需的物资保障，应急物资保障是科学精准开展突发公共事件应急工作的重要基础。应急物资主要包括防护用品：防护服、抢险救援服、安全帽（头盔）、坠落防护装备、呼吸面具、测温计（仪）、安全网钩等；生命救助用品：外伤、海难、高空坠落、掩埋、食物中毒等事故的救助工具（如破拆器、吊具、抛投装置、救生缆索、保护气垫），热成像、光学、雷达、红外等生命探测器、便携呼吸机等以及通用的救援设备如交通工具、药品等；临时食宿：如饮食饮水所用的餐炊具、瓶装水、过滤净化机，移动房屋、宿营车等；污染清理：涉及防疫、核辐射和垃圾清理的拦污封堵器材、分析检测类设备及通用的杀菌灯、凝油剂等以及救援中的工程设备和器具、动力燃料、应急通信设备等。[1]

目前，应急物资储备还存在着物资存放不集中、物资调配程序不科学、物资储存标准不统一等问题。在面对特别重大的、波及范围特别广的复合性突发事件时，应急物资可能出现短缺或出现调配效率低下的问题。

从重特大突发事件应对中可以看出，当前我们的应急物资保障体系还需进一

[1] 中华人民共和国国家标准，《应急物资分类及编码》（GB/T 38565—2020），2020 年 10 月 1 日实施。

步建设完善，仍存在以下突出的问题。

一是应急物资储备管理制度不健全。目前尚未制定专门的应急物资保障法律法规，未形成完善的应急物资保障政策体系，应急物资储备与保障体系的制度保障不足。以突发公共卫生事件为例，在法律层面，对突发公共卫生事件中的物资储备仅在《突发事件应对法》和《传染病防治法》中略作要求，但这两部均不是专门针对突发公共卫生事件应急处置的法律，并未对公共卫生应急的采购、储备、运输、调拨、配送等工作作出详细规定，因此，公共卫生应急物资储备与保障体系的建设缺少相应的法律基础。在法规层面，虽然《医药储备管理办法》和《医药储备资金财务管理办法》等法规涉及了突发公共卫生事件应急保障工作的部署，但法律位阶较低、权威性不够。而应急预案是应急保障工作的规范性文件，在突发公共卫生事件的物资保障方面仅作粗略的规定，既没有对政府和社会公众的法律效力，也没有明确具体的实施细则和规范的作业流程，对实际工作的开展缺少指导性和可操作性。目前，对应急物资储备的规定只散见于各类应急预案中，尚未制定完整、详细、系统的应急物资储备目录和标准，各类主体之间的关系也缺乏规范，导致在重大突发公共事件中的物资储备和调配难以满足应对工作的需要。

二是应急物资储备建设模式比较单一。表现为仍然以政府部门为单一中心，社会参与程度较低，应急储备物资获取的竞争度和储备主体的多样性严重不足，缺少政府与社会之间的合作机制。并且储备方式以实物储备居多，技术储备、资金储备和生产能力储备等其他储备方式严重不足，导致应对突发重大公共事件储备效能不足。

三是应急物资储备信息化、智能化水平不足。卫生、消防、民政、粮食和物资储备等部门对于应急物资和储备场地的设置和管理较为分散，在采购、储备、调配全过程多方面的制度化规范化还需要进一步完善，特别是应急物资储备协调机制尚不成熟，适应新型复合型突发事件发展变化的统一的物资储备信息平台还需要在探索中建设和推广，应急救援物资储备信息的动态管理水平不高，难以对应急物资资源进行高效率配置。需要集合卫生、民政、财政等相关部门的力量，才能够对多元化的应急物资信息进行标准化地识别、共享、分类和认证。同时，应急物资保障体系平战间的转换还需要进一步优化不同部门之间的协调配合，需要通过在行政范围内划分应急区域，选择合适位置设立可覆盖地区的应急物资储备基地，实现区域范围内应急保障物资的统一管理、规范调度，确保在突发公共事件中物资调配的可控性和高效率。

四是在应急物资储备和配送中，新技术应用不足。在现代应急物资保障体系建设推进中，新技术的应用还需要进一步推广，要积极将大数据、云计算、物联网等新技术融合到物资储备和调配过程中，探索推动智慧配送供应链，推进在极端情况下的末端配送和冷链配送等，还要积极探索航空、高铁、水上应急物资投送方式，以改善当前在重大突发事件中需要在各种极端情况下物资配送的问题。

## 四、跨区域应急管理协调问题

传统的安全风险治理通常是以行政区域为边界进行控制，但是随着城市化的进程和突发事件的发展变化，仅仅依靠事故发生地所在政府自身的应急响应以及资源保障能力往往难以保障应急管理行动的顺利和高效进行。一方面，大型城市和城市群快速发展，城市的聚集趋势增强，区域经济一体化发展成为未来中国的主要发展模式，人员的大量交互流动、经济的紧密联系使城市之间形成区域的安全命运共同体。另一方面，高度复杂和不确定性的风险呈现出显著的跨地域、跨区域发展特点，经常打破行政区域界限，给社会稳定、人民安全和应急管理工作带来巨大压力和挑战，但目前，各省份在跨区域的应急协作治理方面还存在观念上和体制上的障碍，跨地区的部门合作的整体协同效应还有待进一步提升。因此，强化复杂重大突发事件的区域应急管理的协调能力，建立跨省市的区域突发事件管理协调机制是当前提升应急统筹协调能力的重点之一。

## 第二节 产业发展及社会化力量组织问题

近年来，安全应急产业不断发展，社会化力量也快速兴起。但从实际情况来看，安全应急产业的快速发展仍需跨越诸多阻碍，政府、市场与社会化力量也尚未形成分布均匀的网络。

### 一、应急产业发展问题

应急产业作为综合性、交叉性较强的产业，与汽车产业、化工产业、交通装备、建筑装备、工程机械等有着广泛交叉和长期的发展，应急产业一方面是将这些已有分支行业进行整合规划，有针对性地进行政策扶植和发展推动，以强化安全生产、防灾减灾、应急救援等工作的安全保障能力；另一方面是发展装备制造、"互联网+"、新能源新材料等新兴产业，所以应急产业的发展趋势与新兴产业和传统产业的现状与发展态势均息息相关，是未来经济发展中最具潜力的新的经济增长点之一，因此，健全技术创新、标准、投融资服务、产业链协作和政策五大支撑体系，特别是在供给侧结构性改革和去产能大背景下，将应急产品更好地推向市场、拓展应急产业发展的空间，将成为各省市产业结构调整和工业转型升级的热门方向之一。

以吉林省为例，近年来，吉林省安全应急产业发挥自身优势不断发展，2019年已实现产值300亿元以上。不仅充分发挥出重特大灾害中的应急物资保障功能，也以此为风口挖掘出新的产业增长点并带动其他行业的发展。安全应急产业、传统工业制造业、高科技产业齐头并进，互利互补，形成新的产业发展模式。同时，以应急产业发展为切入点，推动形成了政企社的三方合作，公共产品与市场相结合，培育了新的地方经济增长点。

但在市场化方面，当前我国还没有形成持续、稳定的应急产业和市场环境，产业结构发展不平衡、产业体系不健全、中小企业发展困难等问题仍然存在，诸多体制性的障碍和制度保障的不完备严重影响应急产业做大做强，这也突出反映了我国大部分地区应急产业发展面临的问题。

一是产业集聚效应尚未明显形成。为促进应急产业的发展，需要大力推动产业聚集发展，打造创新中心、成果转化中心。目前，全国各地很多有条件的地区都在积极布局和建设应急产业园区（基地），如四川省德阳市、辽宁省抚顺经济开发区、长沙高新技术产业开发区、福建龙州工业园区、新疆生产建设兵团乌鲁木齐工业园区、唐山开平应急装备产业园等先后被工信部等列为国家应急产业示范基地。[1]吉林省的应急产业发展则是发挥出重点地区长春、吉林和辽源的辐射带动作用，以长春经济技术开发区为依托，以汽车主被动安全产品为主导打造安全产业示范园区。但是目前我国的应急产业发展总体上来看仍然缺乏一批具有关键共性核心技术，拥有品牌优势和影响力、可以发挥带头作用的龙头企业，缺乏大规模的适应现代产业发展的示范性园区。

二是产品及服务创新仍需进一步提高。目前，我国已经初步形成了政府部门推动，科研院所和企业共同参与的应急产业技术创新体系，技术研发中心、科研平台、重点实验室等陆续成立，在汽车主被动安全、北斗导航位置服务等安全防护控制类技术方面取得了显著的成果，但是应急产业整体发展仍然处于劳动密集型，需要有针对性地开展技术攻关及产品研发，进一步向智能化、高端化转向，同时产业服务也需要更加全面化，实现传统服务、现代服务、智慧云服务的齐头并进。

三是市场需求培育不足，高层次研发人员短缺，科研成果本地转化不足，民营资本参与意愿不高。应急产业的发展既需要充分发挥市场的决定性作用，也需要政府的支持增强企业活力。当前在产融结合激发应急产业活力方面仍需进一步提升。目前，覆盖国家、省、市、行业的应急产业多领域投融资体系已经初具雏形，规模为50亿元的国内第一只地方安全产业发展投资基金落户徐州，而我国大

[1] 《工业和信息化部办公厅 发展改革委办公厅 科技部办公厅关于公布第二批国家应急产业示范基地名单的通知》（工信厅联运行函〔2017〕628号）中华人民共和国工业和信息化部网站。

部分省区目前在发挥财政资金引导作用、加大财政支持力度、有效推进产融结合仍需进一步强化。同时在公共安全领域的复合型人才培养、应急产业专业人才引进等方面都需要实质性突破和进展，才能强化科技创新合作，形成地区应急产业发展的合力。在营利企业参与应急管理过程中，也需要考虑到企业的自利性，对其的制约和监督机制也需要进一步完善。

## 二、社会力量组织和发展问题

社会力量的参与在突发事件中能够发挥重要的作用，特别是在高度复杂的突发公共安全事件中，对社会力量的调动几乎是必须的。但是社会力量的参与必须有序、有效，传统的全民式、分散式应急在现代应急管理的发展趋势下应当逐渐走向规范化和制度化，以避免出现队伍分散、行动指令不能有效传达、各级各类应急力量超过受灾地区社会环境承载能力以及综合性骨干救援力量、专业性救援力量和民间救援力量因队伍性质、主管部门、处置对象差异形成的缺乏沟通、各自为政等负面情况。

从实际情况来看，在社会力量方面，多数省份处于起步较晚、规模尚小、力量还相对薄弱的阶段，目前，虽然各地区社会救援力量和队伍蓬勃发展，以吉林省为例，目前吉林省内社会应急力量队伍超过 20 支，如蓝天救援队、长春市应急救援志愿者协会、吉林省红箭救援队、磐石市石城应急救援志愿者协会、辽源市红十字应急救援队、辽源市龙山区红十字会救援队、吉林省红十字心理救援队、延边红十字应急救援队、敦化市红十字应急救援志愿者服务队等，这些社会力量多次参与省内各类应急救援、保障、应急演练等任务，发挥了积极的作用。但是总体而言，在社会化力量的组织与发展上，大部分地区仍存在业务主管部门界定不清晰、社会力量总体规模小、社会化应急队伍发展不足、专业救援能力、救援范围和水平还需提升，救援人员安全保障不够等问题，难以承担许多急难险重的救援任务。

根据现行《社会团体登记管理条例》对业务主管单位的职责的相关规定，应急管理部门对社会应急力量的管理尚缺少具体依据，导致以蓝天救援队为代表的社会应急力量普遍存在登记注册难的问题。目前，虽然立体式多元化的应急救援队伍体系已经成为必然的发展趋势，但是依据应急救援队伍的管理职责，应急管理部门负责“管理协调国家和省综合性应急救援队伍，指导社会应急救援力量建设”，但是否作为社会应急队伍的业务主管部门，尚无明确和清晰的政策规定，导致地方理解把握存在差异。

同时当前各地普遍存在社会应急救援力量规模小、力量相对薄弱的问题，如吉林省最早组建的一支蓝天救援队是2013年起步，人员均为兼职，社会应急救援队伍的救援领域多集中在水上救援、医疗救助和后勤保障支持等方面，救援能力涵盖面还不宽。同时由于以往社会应急力量资金来源主要依靠社会捐助和队员自筹，专业救援装备不足，有些无固定的办公和培训场所，也没有条件接受费用较高的专业救援培训，救援过程中的安全保障问题也缺乏完善的方案，目前还难以承担急难险重的救援任务。因此当前我国需要通过队伍组建、资源共享、统一调度、资金和业务支持等从全方位、多角度入手，综合运用包括政策扶持、政府购买、规范化的经费补偿等形式鼓励社会救援力量发挥专业技能积极参与防灾救灾工作，充分发挥社会救援力量功能多样、行动灵活的优势，扫清信息不对称、供需不匹配、活动不规范、公众舆论复杂等阻碍社会力量参与应急管理工作的障碍，在为社会力量发展创造良好外部环境同时激发其自身潜能，提升专业技能、增强社会组织的参与热情，使其在应急知识宣传、社会志愿服务、突发事件处置中发挥积极作用，同时强化社会组织的自律和制度的约束，让政府与社会力量在应急管理中形成良性互补、共同发展的格局。

## 第三节　应急准备能力提升问题

在总体国家安全观的推动下，管控型应急管理开始向网络结构型共治的立体化治理模式转变，以风险治理为核心基础、涵盖全流程的源头化治理对应急准备能力提出了新的要求，为有效应对突发事件的多发化、复杂化，有效减缓突发事件升级和扩大进程，最大限度削弱损失和影响，不仅要以平战一体、常备不懈的要求推进应急预案科学化、城乡安全规划合理化、物资经费及设施保障供给平衡、应急救援队伍专业化等更有序开展应急行动所必备的基本保障工作，同时也对公共安全多元参与提出了制度化需求。

## 一、意识培养

在公众的公共安全宣传和防灾减灾意识培养方面，当前，各地对公共安全风险宣传教育活动重视程度逐渐提升，报纸、广播电视台等各级主流媒体在“安全生产月”“防灾减灾日”“安全行”等活动中运用多媒体平台对防灾减灾、突发事件、典型案例进行宣传报道，并配合室外大型显示屏、社区宣传板等进行立体化宣传，但在公众防灾减灾意识、安全能力培育常态化方面仍面临新的挑战。

而究其原因，主要是因为基础性的安全能力如各类风险相关的基础信息、自救互救、医疗救护、信息辨识能力、紧急避险等的培养既没有内化于中小学义务教育之中也未能在基层形成制度化培训，安全能力素质的教育体系尚未完整构建。缺少防灾科学教育馆等固定场馆的规划建设，不能让公民随时了解当地的灾害种类、特点以及了解公共安全的重要性并提升其灾害应对的知识与技能。

## 二、基层社会动员能力

良好的应急准备需要对公众进行有效的行为引导，通过预备培养、预警动员、应急动员等不同层次的社会动员手段，高效率地组织调动多元力量积极投入到灾害事故应对活动中。突发公共事件的突发性和危险性要求必须在短时间内进行快速动员，特别是在重特大突发公共事件中，公众往往是直接利益相关者，只有充分调动群众识别风险、应对风险的主动性，才能从传播源头上阻断风险，从而缓解重大突发公共事件中基层普遍存在的能力和资源不足问题。当前在重特大突发公共事件中我们主要采取的是政治动员型，这种应急动员是以政治任务、政治手段为主整合、调度各方资源和力量，在短期内能取得很好的成效。但是在常规工作中，也体现出基层在应急动员方面能力的不足，民众在突发事件应急准备当中的主体意识与参与意识并未充分激活。

究其原因，一方面是由于伴随着经济社会的发展和城市化的推进，熟人社会基础日益消解，从熟人社会到半熟人、陌生人社会的转变弱化了社区民众的归属感。而在城乡融合发展、农村三产融合发展、农民工进城务工、城市居民下乡等发展趋势之下，基层社区人口的结构成分更加复杂，所以导致凝聚力降低，民众对包括应急管理在内的公共性事务缺乏参与性和责任感。而随着基层治理重要性的凸显，基层社区的事务性工作数量呈明显上升的趋势，导致部分社区对所辖区域的居民缺乏深入了解，在突发公共事件爆发时，不能迅速激发民众参与治理的积极性、主动性和创造性，导致容易出现“政府干、群众看”的现象。另一方面由于基层社区自主治理能力的弱化以及制度支撑的缺乏，导致基层社区在进行社会动员时缺少必要的抓手，包括动员对象、动员程序、激励和保障制度等。使基层社区既难以快速识别积极分子开展精准动员，又没有规范、详细可操作的程序或政策可以为志愿服务者提供激励与保障，在紧急情况或突发事件发生之前，基层社区难以积极主动参与应急人力、应急物资、应急财力、应急避难场所、交通运输等动员，形成共同抗击突发事件风险、消减危险要素影响的牢固而广泛的基层社会共识。突发公共事件的分类等级多样，既有特别重大事件也有一般事件，因此既要能“集中力量办大事”也要能“分散力量办小事”。所以，强化基层应急动员能力，使其能够尽量按照比例原则在有效应对的同时尽可能降低应对的成本是当务之急。

## 第四节　预案编制专业化及动态管理问题

总体国家安全观要求构建常态管理与非常态管理相融合、预防与处置相结合的突发事件管理体系，对突发公共事件预案体系的建设提出了更高的要求。提高预案的整体质量以适应突发事件的复杂性和不确定性，增强预案的针对性、实用性、可操作性以满足应急管理的具体行动需求，形成科学的组织和战略安排，完善预案的编制和动态管理，是当前亟需解决的重要问题。

## 一、预案编制问题

当前，我国各地的预案体系不断健全，需要各地能够结合本行政区域内突发事件特点，组织编制一系列行之有效的各级各类预案。如吉林省针对长白山林区的森林草原火灾应急预案、位于松原—肇东断裂带和西流松花江断裂带上因而浅源地震多发的松原地区地震灾害应急预案、吉林地区易发的突发地质灾害等，这些符合地方实际的应急预案制定具有鲜明特色，为迅速有效应对处置灾害、降低次生灾害发挥了重要的指导作用。预案的编制要以预案的实用性和可操作性为第一要义，强化风险评估等前期工作，如在《地震应急预案》编制和修订中，吉林省将松原市乾安县地震应急预案作为预案先进典型加以推广，明确人员姓名、电话、图示、逃生路线、应急避难场所、应急储备物资等；在《吉林省突发地质灾害应急预案》修订过程中，应急部门和自然资源部门联合省内高校等科研机构开展全省地质灾害风险评估和应急资源调查等。部分地区预案建设已经取得突出成效，但值得注意的是在预案编制过程中其科学性、规范性、实操性仍需进一步加强，在各级各类预案数量快速增长的同时，还需不断提升预案的内容质量，实现突发事件的有效准备，提升控制和化解风险的效果。

一是在预案的内容编制中对风险预防的重视性仍需进一步提高。应急预案包括在突发事件完整过程中的应对手段和方法，对事前风险的研判和防控是预案的重要内容，而目前，各级应急预案的侧重点更多集中于在突发事件爆发之后开展应急处置和响应的方法，在风险识别和应急准备方面着墨不足，在预案编制过程中没有更好地贯彻预防为主的指导性原则和风险识别与风险管理导向，以平战结合的理念做好突发事件风险管理的思想准备和预案准备，没有具体规范的规定如何通过科学规范的风险监测预警工作、建立健全信息报告制度，如何充分做好对区域范围内的风险点监测和排查工作等，同时对于突发事件全流程的情景设置亦少有充分有效的推行，重视预案的“规范性”功能大于“技术性”功能，在突发事件预防和处置的实际工作中不能够充分发挥出预案的指导性作用。

二是应急预案的内容指导性和操作性有待进一步加强。基于我国在实践中存在应急管理法制建设滞后于预案建设的情况，应急预案通常兼具法律规范性和事务操作性功能，导致易出现以纲领性、宏观性、原则性内容为主，具体能够应用在实践工作中的可操作的行动方案不足的情况。从目前各级应急预案的内容体系框架来看，一般包括总则、组织体系、监测报告、响应机制、后期工作、应急保障、附则等部分内容，围绕应急管理的体制、机制、法制等方面拟定，形式规范，但是存在具体内容的编制没有充分结合突发事件的严重性、可控性和具体地区的区域特点等核心要素实际情况，出现关于突发事件管理的原则性描述内容过多、相关重点把握不足、内容叙述过于简短概括、实践操作性不强的问题，导致相关应急预案的质量仍需进一步提升。各级各类应急预案虽然基本都对救援力量的职责分工进行了明确，但是相当一部分预案对于在具体应急处置中需要操作的组织支援、力量部署、资源调配、救援执行等方面缺乏具体的安排，出现部门之间、地区之间、上下级之间权责模糊，此种弊端会导致工作的难度增加，管理效能下降，在面对跨界性的复杂灾害时指导性欠缺。同时，各级各类应急预案主要采用模板法编制，预案以责任主体层级为主，这也导致下一级别的应急预案容易出现对上级预案的机械性照搬，而疏于对自身情况与特点的考量，缺乏对本区域内风险的整体评估和监测，只能作为上级相关部门工作的配合者。

同时，对于应急专家库等人才资源建设、应急通信技术、物资调配、宣传培训等环节都存在具体操作性措施不足、缺乏详细指导的问题，规范性基础上的适度弹性不足，导致在公共安全治理各环节的效能没有充分发挥。此外，目前的应急预案中有相当一部分缺乏发散性预防的意识，只考虑到已知的风险而没有充分考虑到原生灾害向次生灾害与衍生灾害发展的风险。

## 二、预案动态管理问题

预案的管理是动态的、持续的过程。当前，基层应急预案动态管理也存在滞后性，不能科学、有效地评估经济社会发展的变化和人口的高密度流动等变量，对于各类风险缺少准确、全面、深入的危险辨识能力，难以满足对新形势下风险防控的需求。基层难以根据预案指导形成规范化、制度化、有时效性的应对流程。要在充分认识到突发事件风险与演化的不确定性前提下，坚持以整体性思维和主动积极的管理意识，保持预案的稳定性和动态变化，有效消减灾害的消极影响。

一是全面的、定期的应急预案修订工作需要进一步完善和常态化。做好应急预案管理工作，首先需要面临根据实际情况对当前应急预案做全面修订的问题。新一轮机构改革后，新成立的应急管理部门以及民政、林草、水利、公安等部门的相关职能发生了调整和变革，职责边界、职能范畴、运行机制等发生变化，需要按照新的情况认真组织调整修订应急预案内容；其次要面临将应急预案评估修订流程规范化、程序化的问题，需要根据社会的发展变化、风险挑战的演变趋势、应急机制的调整改革对应急预案进行及时的更新和完善，使应急预案真正成为应急响应工作的行动指南而不是模式化的照搬，防止预案出现模糊化、象征化、空心化，缺乏针对性、脱离实际的情况，制定以后就置诸高阁。同时，在应急预案经过实践检验或应急演练等出现需要完善调整的环节以及在预案所涉区域内的重要基础设施、工程、建筑等发生改变以及新增未知风险等，也需要及时重新进行风险评估并对应急预案进行修订，做到动态回应各类需求，以确保应急预案内容与实际情况相符合，具备科学性和实用性，做到分工明确、精准高效，能够有效提升应急管理工作效能，做好风险的排序、管理、识别和选择，真正做到防患于未然，形成符合实际的科学有效的应急预案管理制度。

二是应急预案演练和群众宣传培训要进一步完善。定期举行的预案应急演练是检验预案科学性、适用性的有效手段，可以根据演练反馈的实际情况科学调整应急队伍、物资、技术、装备，明晰相关部门人员的职责，理顺关系。目前我国各地已普遍开展不同形式的应急预案演练，以吉林省为例，从 2010 年起，吉林省每年都制订省级应急演练计划印发全省执行，是全国最早下发年度应急演练计划的省份之一。在防范救援救灾一体化机制的推动下，吉林省应急预案演练的规模和频率继续提升，近年来省级应急演练项目均超过百项。同时吉林省的应急演练内容贴近本地区风险类型实际，从自然灾害上通常选择本地区较常见的地震、森林火灾、洪涝等灾害，在生产安全事故应急演练方面也集中在本省工业发展集中的煤矿、非煤矿山、危险化学品等，提升应急抢险救援和综合性应对能力。2020 年的省级演练项目包括危险化学品泄漏应急演练、防汛抗台抢险救援应急演练、油库火灾爆炸应急演练、迎峰度夏及防汛应急演练、特长隧道重大交通事故应急演练等。

应急预案演练在我国的大范围、高频次推进使各级各类应急预案得到了实践检验和科学调整，但是，应急预案的演练在组织规范、执行力度、演练程序上仍需提升。一方面要扩大公民的互动参与，群众作为突发事件的主要面对者在当前的应急预案演练中参与不足，要进一步提升群众参与度和配合度，增强公民个人安全能力并将其有效转化为应急管理综合能力；另一方面各地区要继续紧密结合地区特点构建本地区实际的典型突发事件场景，如冰雪灾害、水源污染、环境污染等，细化突发事件具体因素如突发事故原因、造成的破坏性、受影响的区域和人口规模、发生次生衍生灾害的可能性和类型、应采取的救援措施等，在构建的复杂交叉情境中做好应急预案演练，以系统化地测试相关部门对可能发生的安全风险的敏感性以及协调配合性，提高演练的针对性、公开性、透明度。同时要进一步加强应急预案的群众宣传工作，通过分层次、有针对性的公共安全知识宣传科普，树立广大群众防灾减灾的意识，提高识别风险、规避风险的能力。同时在应急预案的演练中，要高度关注不同的弱势群体，根据其具体情况和出现的问题细化应急预案。

# 第五节 信息发布及舆论引导问题

## 一、舆论引导的重要性

突发事件是突然爆发并迅速打破经济社会平衡状态，蔓延至社会生活领域，对人民群众生命财产安全和社会安全发展利益造成损害的事件。特别是当前，突发事件呈现伤亡大、损失大、复杂性加剧的发展趋势，极容易引起连锁反应。公共安全作为社会发展的基石，受到群众的高度关注，其强大的时间压力与不确定性不仅考验政府决策能力，同时深刻考验舆论引导工作。为稳定灾害事故中群众的思想情绪、避免非理性行为，就必须不断提升信息发布和舆论引导工作的有效性。在灾害事故中，信息发布和舆论引导的主要任务是满足群众信息需求、掌握舆论主动、避免不必要的恐慌等负面情绪，使突发事件的应对工作以及可能采取的非常态化措施赢得公众的理解和支持。同时通过正确的舆论引导，在大灾大难面前有效鼓舞士气民心，积极凝聚社会共识。

首先，突发事件的舆论引导能够满足群众对事件发展情况的信息需求，在正向效度内解决信息不对称问题。重大突发事件是群众舆论的关注焦点，在舆论引导中关注个体、关注环境、关注体制，可以传递正确的信息，有效舒缓突发事件带来的焦虑恐慌，击破谣言，维护社会稳定。

二是舆论引导是在代表舆论的基础上去引导舆论。代表正确的舆论而纠正错误的舆论。通过及时对突发事件的原因、发展态势、救援进程、历史背景等进行实时发布和报道，满足公众的信息需求，同时及时纠偏，澄清谣言，对于避免产生次生舆情发挥出重要的功能性作用。

三是舆论引导工作有利于凝聚社会共识，赢得公众支持。群众的支持和积极参与是做好突发事件处置和善后工作的重要因素，在重大突发事件中，舆论引导能够有效发动群众，形成抗击灾害的合力。我国人民在抵御风险、抗击灾难的过程中锻造出诸多值得铭记的精神力量，舆论引导工作通过引导群众团结互助、坚定无畏、迎难而上，可以凝聚起众志成城、共克时艰的强大动力。

## 二、全媒体带来的新挑战

伴随着信息技术的快速发展，全媒体使公众获取和传递信息的渠道发生了颠覆性改变。全媒体的发展极大地提高了突发事件舆论引导的难度，在全民参与的信息传播环境中，灾害事件会迅速成为震撼性的热点事件，良莠不齐的信息爆炸式多渠道传播，容易造成恐慌的蔓延甚至非理性行为，影响社会稳定。及时高效的舆论引导可以为迅速妥善地开展应急处置工作提供舆论支持，同时防止谣言和负面信息通过全媒体渠道大范围传播扩散。重大突发事件作为群众高度关注的事件，其爆发的时间节点、发展趋势、影响范围都存在极大的不确定性，在吸引公众高度关注的同时也会降低公众的安全感，形成群体焦虑。如果不能及时进行信息发布和引导，就容易产生谣言，甚至会反向影响突发事件的走向。同时重大突发事件往往涉及很多专业领域，公众在缺乏相关专业知识又急于获取突发事件相关信息的舆论状态也容易造成谣言的大范围传播。因此，主流媒体需要通过全媒体渠道对事故原因、影响、处置情况等进行及时呈现，对相关的专业知识和背景进行权威性的解读，把公众的关注点引导至事实层面，保持突发事件舆情的稳定和理性。

因此对于主流媒体而言，要针对信息技术的快速发展与宣传阵地的变化，了解群众的口味和偏好，增强自身的影响力，调动一切宣传手段与力量全力扩展舆论工作的覆盖面与参与度，充分发挥传统媒体与新媒体的合力，利用微博、微信公众号、手机客户端、短视频平台等做好互联网平台的舆论引导工作，充分利用云计算和智能移动终端的发展让信息技术为舆论引导服务。

## 三、突发事件舆论引导的问题

当前，各地在应急管理信息发布与引导方面存在着网络影响力不足等问题。

一是社会媒体组织所发布的信息经常成为公众的第一信息来源。其原因一方面是社会媒体组织发展的冲击，很多省市主流媒体受到社会化、商业化媒体的冲击，其在宣传力度、商业化运作以及渠道方面的优势分散了用户资源；另一方面是部分省市媒体 App 同质化发展的分流。主流媒体 App 主要是面向本行政区域内的受众群，区域性地方媒体在客户端发展中，容易存在较强的同质化，形成内部竞争。如目前各省市广播电视台通常会开发融媒 App，各地党报通常也会开发新闻客户端，定位相似，用户通常只选择一个下载。

二是网络影响力和互动能力不足。当前我国省域内各级宣传、信息发布等部门均拥有官方微博，在更新频率上也有所保证，但普遍存在影响力不足的问题，各地官方微博在信息发布上基本包含理论宣传、主题宣传、日常宣传，但评论互动较少，地方信息发布在网络平台容易陷入“缺少互动—用户流失—互动更少”的恶性循环。而在 App 客户端方面，主流媒体同样需要在提高活跃度和影响力方面下大力气解决，当前，地方主流媒体新闻客户端相较于发展较为成熟的社会化媒体如腾讯新闻等，在评论、互动、受众黏性上差距较大，不能充分体现本地权威发布的优势。

三是融媒体中心尚未形成传播合力。当前，我国各县级融媒体中心全面建成。但从实际效果看，仍然存在定位不清晰、人才不足、资金缺口较大等问题，没有在舆论引导中发挥传播的合力。建设中主要是受到国家和省级层面政策的驱动和指挥，还未弄明白新媒体的特点特征传播规律，仅将融媒体中心看作一种新的内容传播载体，而不是融信息传播、舆论引导、文化传播、政府服务等于一体的聚合平台，同时人才的引进、培训、职业发展规划不明晰，难以构建良好的人才队伍，群众参与度低。这就导致在突发事件中，政府信息公布方式与渠道不能确保第一时间抢占舆论高地，实现信息发布和舆论引导的高效实效。

# 第七章　典型国家应急体系建设的特征和经验

维护公共安全是政府最基本的公共服务职能，在新的时代背景下，我国政府高度重视社会治理职能的完善，特别是针对突发事件预防与处置的相关问题。世界各国在应对严重破坏社会稳定运行的突发公共事件过程中，在相关的紧急处置策略、组织政策等方面积累了诸多经验，值得我们借鉴。

应急救援队伍在应急管理体系中是关键的构成部分，当前在总体国家安全观的指导下，我国正在逐步建立综合性的应急救援队伍体系，世界各国也都更加重视应急救援队伍这一应急响应和处置的重要力量。虽然不同国家在组织、政策、制度、文化等深层次的统筹部署上存在诸多差异，但是在丰富的应对突发事件的实践中所积累的经验，特别是在应急救援队伍建设中程序化、规范化、科学化的相对成熟、定型的模式，对于我们应急救援队伍建设的完善和创新具有很高的借鉴价值。

## 第一节　德国地方政府应急救援队伍建设

德国应急管理体系特点较为突出，特别是庞大的应急救援队伍独具特色，技术及管理水平先进且乐于开展国际交流合作。经过多年推动，德国已经建立起较为科学完备的、整体动员性的应急救援队伍。其丰富的应急经验，尤其是在应急救援队伍建设中规范的程序、科学的方法，值得深入学习和探讨。

### 一、应急救援队伍构成科学合理

德国应急管理相关体制和机制特点比较典型，并且在发展过程中广泛开展国际交流，德国应急救援队伍建设中比较突出的优势是队伍构成相对科学合理。

首先，德国的专业救援人员基数较大、专业性强。德国专业救援人员占总人口的比重位于世界前列，目前德国人口超过8200万人，专业应急救援人员达到数百万，其中绝大多数为志愿者。德国的应急救援队伍除参与救援的警察部队与国防军，主要由民间及官民结合的救援组织构成，包括德国消防联合队（Deutsche Feuerwehrverband，DFV）、德司技术救援署（Tednisches Hilfswerk，THW）、德国红十字会（Deutsches Rotes Kreuz，DRK）、马耳他急救中心（Malteser Hilfsdienst，MHD）、德国水上生命救助协会（Deutsche Lebens Rettungs-Gesellschaft，DLRG）、约翰尼特交通事故救援团（johanniter-Unfall-Hilfe，JUH）等，涉及综合救援、技术救援、医疗救护以及各种专业性救援。其中德国技术救援署（THW）主要从事专业较强的技术救援工作，为消防队、警察或海关当局提供技术援助，以及参与重大灾害的国际人道主义救援。THW由内政部垂直管理，拥有668个地方救援协会、66个区域办事处以及8个跨州协会，目前，THW有729个救援队和1706个专家组，根据各地实际需要，当发生特殊灾害且需要专业力量支援时，THW可以在清障爆破、山地救援、应急电力及饮用水供应、废料处理、物流基地建设与运营、桥梁施工、应急物资和燃料运输等方面提供专业性的技术及设备援助，有效补充地方性综合救援队伍在专业方面的不足。仅在2019年，THW就在德国南部雪灾、勃兰登堡大火、贝雷桥及其他减压桥施工、埃伯哈德风暴等重大灾害中提供了紧急技术援助，为灾害救援工作作出重大贡献。

同时，德国的职业化救援力量与其他社会力量能够各司其职。在德国，应急救援的核心力量是消防队伍，消防队伍是所有突发事件的第一响应者，按照各地区实际状况，在人口达到8万～10万人的地区会设立专业消防队伍，同时还设立志愿消防队、义务消防队、企业消防队和商业消防队，承担突发事件的应急处置工作，发挥综合性的职能，在各类突发事件的应急救援中开展广泛且基础性的救援。而其他社会组织则按照不同需求参与不同类型的应急救援，如德国红十字会主要提供紧急医疗服务及民防与灾害准备；马耳他急救中心主要提供医疗急救与医疗康复方面的服务；工人撒玛利亚联盟（ASB）主要开展急救培训、医疗护理、老人、未成年人及残疾人救助等；水上生命救助协会主要承担水上救援及水中急救知识培训等。涵盖多个领域，与职业化救援互为补充，促进了德国应急救援队伍的长期蓬勃发展。

## 二、应急救援队伍建设标准规范

在应救援队伍建设中一个重要经验就是要坚持标准化，把一以贯之的标准、规范、标识和流程落实到每一次救援行动和每一支救援队伍建设当中。以德国为例，德国应急救援队伍虽然主体为志愿者，但始终坚持标准化与规范化的救援行为。

第一是组织架构设置的统一化，消防队作为当地综合性救援队伍负责具体救援指挥工作，在灾害发生后迅速展开行动，当地政府要根据灾害事故种类、发展趋势等客观情况审批调度德国技术救援署等其他队伍，受到批准的救援力量可以加入救援，并听从统一指挥。同时，所有应急救援队伍均按照统一标准采用大队、分队、小队、小组等模块化方式构建，如德国技术救援署，每个基础救援小组人数固定为 9～12 人，并按标准配备相应的指挥车辆、救援车辆、救援器材等。

第二是应急救援标识设置的通用化。在应急救援及灾情管理中，德国通过图形、颜色等设置分门别类的通用标识，可以显示救援实施机构、指挥部、事发时间、危险程度、救援队伍规模、救援装备等。通过不同标识的形状、颜色、符号组合可以清晰描述出灾情的基本情况、危险等级、已投入的救援力量及救援进度等，既加强了不同队伍的沟通互动及协作，同时有效强化了指挥部门的协调与保障。

第三是人员选择的规范化。专业的救援人员及指挥人员都要经过严格规范的培训。培训机构包括各州消防培训学校、各专业救援组织的培训学校、联邦公民保护与灾难救援署的危机管理学院（AKNZ）、德国技术救援署的诺伊豪森（Neuhausen）及霍亚（Hoya）学校等。按照统一规定的培训内容及时间，志愿者须完成相关培训方可进入救援队伍。其中专业救援人员需完成包括专业救援技术、救援标准、操作规程等方面的培训，指挥与领导人员培训需完成包括领导培训、指挥培训、媒体公关培训及其他专业培训等。以德国技术救援署为例，在基础培训基础上完成两部分、至少 37 小时专业培训的人员有资格成为大队长，完成至少 89 小时培训任务的人才有资格成为通信队队长等，以保证经过规范化培训的应急救援人员能够严格按照《报警与救援指挥程序》《消防工作规程 100》《THW 操作规程》等救援操作程序上的制度规定，保障在应急行动中的标准规范。

## 三、制定相关法律法规　推进社会力量发展

当前德国的应急管理主体力量呈现非政府化的特点。在德国，应急救援队伍的核心力量是消防队，超过 138 万的消防队员，绝大部分为志愿者；在专业性非常强的德国技术救援署中，除少量管理人员外均为志愿者，目前超过 8 万名志愿者，其中包括大约 16000 名青少年；马耳他急救中心、工人撒玛利亚联盟等更是纯粹的志愿者组织。德国社会力量高度的组织性和效率，其原因除了志愿服务在德国有深厚的社会基础以外，更重要的是德国政府通过制定完善的法律体系、加强管理与激励等方式有效参与志愿服务的组织领导，推进社会力量加入应急救援队伍建设。

1964 年，德国颁布《促进志愿社会年法》，1993 年颁布《促进志愿生态年法》，并于 2008 年整合修改成为《促进青年志愿服务法》（Gesetz zur Förderung von Jugendfreiwilligendiensten），2011 年《联邦志愿服务法》正式生效，这两部法律成为德国志愿服务的基本法律。同时为了更精准地激励和保护专业的救援志愿者，德国出台《德国联邦技术救援志愿者法》《民事保护和灾难救援法》《奖励社会志愿者年法》等，《德意志联邦共和国基本法》以及各州的应急救援法等综合性法律明确规定志愿者的权利义务和相关保障原则，并与《社会保险法》《兵役法》等其他法律相衔接，为志愿服务提供法律基础。如详细规定志愿者在志愿服务期间获得免费的住宿、饮食、一定数额的薪酬；志愿者可享受的法定医疗、社会保险及

相关的福利救助；应急救援志愿者的奖励与表彰；通过应急救援志愿者工作代替兵役义务；对应急救援中的经济损失及人身伤害补偿等，规范化激励公民参与应急救援。

## 四、应急救援队伍人才培养和教育培训体系完备

人才队伍建设是应急救援队伍建设的关键，世界先进国家和地区在应急救援队伍人才培养方面大多形成了成熟的模式。德国的应急救援在接受突发危机的考验中形成了较为完备且自身特点鲜明的教育培训体系，值得学习和借鉴。

一是德国对应急救援队伍的培训侧重于提升队伍的实际救援能力。在理论教学的基础上，培训更多采用实用性、参与性较强的课程类型模式如案例推演、桌面推演、情景模拟、小型应急演练等，致力于提升学员的实战能力、适应紧急状态下的高危环境，使应急理论、技巧能够与实践有机结合，提升救援队伍在直面灾害威胁与破坏的环境中开展实际行动的能力。在德国的应急培训中，模拟演练的模式是以真实角色为基础的，即设置不同的场景并让队伍成员扮演真实的角色，也就是成员自身在应急队伍中的实际工作角色。在不同的突发事件场景中，应急队伍成员根据真实的突发事件管理工作流程，模拟履行真实的岗位工作职责，在不同灾害种类和程度的区别化模拟中，队伍成员通过不断模拟应急状态下的处置流程，逐渐熟悉自身工作的流程和具体行动并适应不同灾害事故环境下的战略安排，同时也可以发现和分析自身救援处置工作和团队协作配合中的问题，从整体上提升应急救援的能力和水平。

二是应急管理培训课程科学合理、逐级递进。在德国，应急管理的培训是分层分类、逐级递进的，其完善的课程体系分类可以满足不同层级的需求。以危机管理、应急规划与民事保护学院（AKNZ）为例，学院隶属于德国公民保护和灾难救援署，主要接受各地方政府申请，与之联合对其所属应急相关队伍成员进行培训，地方政府提出预期的培训目标，学院则根据地方政府提供的地区发展状况、队伍情况、常见突发事件情况以及典型案例等相关背景资料，制定合适的培训课

程，并与地方政府共同设计应急模拟演练。学院每期培训班都分为三个层级即初级班、中级班和高级班，配套相应的按顺序、按步骤的应急培训模块化课程。参加培训的地方政府学员，需要通过自学风险识别、预防、处置等相关基础理论知识并通过学院举行的测试之后，方可进入初级班学习一级课程。学习内容主要集中在应急管理基础理论知识、应急指挥管理工作的总体介绍和专题研讨以及简单的桌面推演；在初级班课程学习结束以后，学员进入中级班开始二级课程，主要是理论与实践并举，引入基础性、关键性的实操课程，根据学员实际情况，设计有针对性的行政指挥部和战术指挥部的细化模拟，使学员对自身工作的职责、流程、组织、规划有更加深刻的了解；中级班学习结束后，学员将继续在高级班进行理论和实践的培训，高级班更侧重于对学员战术指挥和协同配合的培训，使学员能够适应在紧急状态下的事态分析和精准决策，对应急管理的组织政策、战略安排进行更深层次的思考。在学院的应急培训中，必须严格按照此分班分级制度进行，以达到由浅入深、由表及里的培训效果。[1]

## 第二节　日本地方政府联合防灾救灾模式建设

日本地处三大板块交接之处，是世界上遭受台风、地震、海啸等自然灾害强度及频度最高的国家之一，在不断总结巨型灾害的应急处置经验教训以及考虑到日本城市化、老龄化的状况，日本政府防灾救灾的理念也在变化和发展，倡导防灾主流化（Mainstreaming Disaster Risk Reduction），将政府公共安全治理作为衡量执政能力的重要标准。阪神大地震后日本提出了“自助、共助、互助”三大减灾理念，要求地方自治团体、民众、企业等多种主体充分发挥自身能动性并重新构建各主体间的相互联系，提升全社会的抗灾韧性，形成了较为完善的联合防灾救灾模式。

---

[1] 沈苹：《试析德国应急管理培训体系的特点及其启示》，《现代经济信息》2016 年第 2 期。

## 一、构建联合防灾救灾体制

日本实行中央、都道府县、市町村三级灾害管理体制，地方根据中央政府的总体规划结合本地客观情况制定地区政策，接受上级政府的技术与资金支持及工作指导，分析本地区的预警信息、进行防灾减灾的日常工作。灾害发生时，地方政府成立“灾害对策本部”，集中行政区域内力量统筹指挥紧急救灾处置，根据灾情申请上级支援。此外，日本国内 47 个都道府县、2000 多个市町村之间签订了 72 小时相互援助协议，在基层形成了联合防灾救灾的网络体系。同时为了保障联合防灾救灾体制的运行，日本还构筑了较为健全的相关法律法规体系。作为全球制定应急管理法律较早、较为全面的国家，目前日本各类应急管理法律法规超过 200 部，建立了包括基本法、灾害预防相关法、灾害应急对策相关法、灾后的重建复兴及财政金融措施相关法、组织相关法共五大类完善的应急管理法律体系，在联合防灾救灾的核心理念下对应急管理的组织体系、风险防控、应急处置、灾后恢复、财政金融措施等事项从法律层面给予明确的界定。同时，为了充分保障共助、互助，发挥多元主体的力量，日本还以法律法规保障非营利组织（Non-Profit Organization，NPO）、社会团体有序参与应急工作，如在《灾害对策基本法》和《在武力攻击事态等情形下为保护国民应采取的措施法》中指定公共机构协助各级政府的应急救护活动，相关机构也根据法律要求制订自身的防灾业务计划和国民保护业务计划；在《特定非营利活动促进法》中明确界定了应急管理志愿者的社会身份，严格区分公共安全志愿服务与其他形式的劳务等。日本政府通过构建相对完善的法制环境与内部制度，对公共安全的风险识别预警、应急处置、善后恢复全流程，包括应急组织、政策、资源、社会力量等问题进行法律规制与监管，促进了日本应急管理的组织化、有序化和专业化发展。

同时日本在高等教育中开设应急管理相关专业，致力于培养综合性的紧急状态处置的相关人才。日本防灾救灾机构培训体系健全，承担应急救援核心任务的消防机构总务省消防厅设有日本消防大学，所有都道府县也都成立了消防学校，承担本区域内消防系统从初任队员到管理干部的一体化培训，范围涉及消防专业技能、火场急救、团队协作配合等。同时日本高度重视培育社会和公民的力量，21 世纪初，日本政府批准成立日本防灾士会，面向公众特别是青少年开展知识培训和选拔，以培养大批具备基础防灾自救技能的人才，考核通过者授予“防灾士”资格，可以协助政府进行风险识别、救援处置、民众自救互救知识技能普及、紧急状态下的灾情调查等志愿活动。截至 2020 年 1 月，日本全国“防灾士”已接近 190000 人。日本三大防灾教育中心，东京临海广域防灾公园、人与防灾未来中心、防灾技术科学研究所，致力于实践性的防灾研究和年轻防灾专家的培养，对应急救援中的技术性、政策性、综合性课题进行深入研究。

## 二、构建政府与社会组织的伙伴关系

政府与社会组织如何构成均衡的关系网络是当前应急管理发展面临的重要问题，其中与社会组织形成彼此信任的伙伴关系是较为成熟的模式。日本的防灾减灾行动一直贯彻“自救”“共救”和“公救”的理念，寄望于通过安全应急社会组织的发展壮大并与政府构建良好的互动关系，在应急管理行动中充分发挥社会组织的力量，成为政府的有益补充。为此，日本政府通过制定连接紧密、层层推进的政府与社会组织互动参与机制，构建 NPO 与政府各部门之间良好的伙伴关系。当前，NPO 是日本应急管理中的重要力量，1998 年日本《特定非营利活动促进法》实施后，日本各领域的非营利组织数量迅速增长，进入 21 世纪，随着社会形势的发展变化，日本在灾害救助领域涌现很多 NPO，如日本危机管理总研、千叶危机管理中心等，这些危机管理研究会或危机管理能力开发机构等社会组织通过演讲会、国民活动等向市民提供防御灾害的资料信息、普及防灾知识、进行灾害救助训练、开展社会教育和社区发展活动，同时社会组织还召集大量志愿者共同参与应急管理行动。应急志愿者按照技能型和普通型两种类型分别招募，其中技能型志愿者主要针对的是医疗人员、建筑工人等，可以从事专业性的应急破障、建筑拆除、医疗救助等工作，普通型志愿者则没有过多的职业技能需求，主要在应急行动中从事一般的服务性工作或体力工作。社会组织根据灾难事故的实际情况，在志愿者招募后进行协调、管理和调度。同时依靠政府和民众之间的合作，在防灾、应急管理方面进行调查，并形成调研报告对政府建言献策。在日本政府集中资源应对各类突发事件危机中发挥了重要的积极作用。

### 三、推动应急行动中非专业人员的有效参与

政府通过宣传、教育、培训等方式，提升全社会的防灾减灾能力，已成为多数国家的共识。将分散的力量集中起来，将非专业人员的力量吸纳到应急管理的全过程，形成团结合作、相互支撑的合力是日本联合防灾救灾模式的战略选择。

为了让公民更广泛地参与到应急行动中，日本采取各种措施提升国民的危机意识和能力，使其对灾害有更加深入的了解并具备相应的安全能力。日本是灾难多发的国家，林林总总的突发事件高发、频发且影响不断加大，日本政府非常重视国民公共危机意识的培养，力图从突发公共事件中总结经验教训，通过相关的宣传培训和知识普及，提升全民的安全意识和应急能力。日本内阁府自 2016 年起牵头主办全国性的防灾活动“防灾推进国民大会”，以报告会、展台、工作坊等方式展示防灾减灾工作成果、普及安全避险知识技巧，让民众体验应急处置与急救等，邀请产官学界、非营利组织、市民团体和群众代表等参会，希望使民众从日常生活做起积累防灾减灾经验，以做好应对大规模灾害的准备。

一是日本高度重视将公共安全宣传教育与国民基础教育相结合。日本《灾害应对法》对国民教育阶段学校负责人和教师在安全风险识别和防范中的工作职责做出了明确的界定，并要求学校定期举行符合学校实际、可供全体师生有效参与的防灾减灾相关演练，旨在从少年儿童阶段培养应急意识技能。日本文部科学省编写了《学校防灾手册编写纲领》《提高生存能力，推进防灾教育》《灾害管理与应急教育指导资料》等涉及公共安全的规范性教材，从国民教育领域开始推进危机意识和安全文化培养。当前，防灾减灾教育不仅纳入中小学国民教育当中，也逐渐成为日本新入职人员的必修课程。

二是利用多种媒介平台和活动形式积极做好国民安全意识和技能的宣传。在日本，媒体是灾害管理体系的重要组成部分，在提高公民的危机意识和安全能力中，广播、电视、报纸等媒介都发挥了重要作用，日本放送协会（NHK）和日本电报电话公司（NTT）等媒体负责人作为中央防灾会议成员，通过影视剧、新闻报道等方式在传递灾情信息、普及防灾文化、提高国民危机意识方面作出了积极的努力。在广播媒体方面，日本主要利用应急广播这一瞬时快捷的讯息传播通道，及时传递灾情信息，指导民众在直面灾害带来的威胁和破坏时开展自救互救，及时有序疏散撤离；在电视媒体方面，除了在常态化的节目中开设民众乐于接受的、多种形式的防灾减灾、自救互救的知识普及节目之外，在突发灾害事故中，电视台会对灾情信息进行集中循环报道，使民众可以随时了解灾情基本情况、演变趋势，并获取相关自救互救知识，做好应急相关准备；日本报纸也会根据自身优势结合突发事件发表深度社论等。

三是日本建设防灾教育中心，为民众提供安全体验式培训。日本各都道府县均建有防灾教育中心，通过选取日本境内多发的突发事件如地震、台风、火灾等，模拟灾害中的物理破坏环境，一方面进行公共安全知识科普的宣传教育，让民众认识和了解灾难的危害性，提升安全意识，另一方面模拟在相应的灾害事故中如何进行紧急避险、医疗救助、互助逃生等技能训练，提高在多种常见灾难事故中的应急避险和自救互救能力。为扩大模拟体验训练的覆盖范围，日本城市消防队经常在节假日期间到人流密集场所设置流动体验中心，吸引群众前往体验，以此灵活的方式，提高公共安全宣传教育的普及性。

四是日本政府通过节假日、大型国民活动等形式积极普及防灾减灾知识，提高民众的危机意识。日本关东大地震和阪神大地震发生后，政府设定了“全国防灾日”（9 月 1 日）和“防灾与志愿者日”（1 月 17 日），在纪念日当天日本国内会举行应急演练活动，各都道府县面向全体民众免费发放根据本地区灾害种类等实际情况、本地区群众全程参与编写的《危机管理和应对手册》《防灾手册》等防灾减灾知识材料，同时电视、互联网、报纸等媒体也会进行防灾减灾相关的专题报道和知识普及。2011 年日本福岛大地震并引发海啸之后，日本政府又设立了“海啸防灾日”（11 月 5 日），开展针对海啸事故的应急演练和公共安全研究及知识普及。日本还会在固定的“防灾周”举办应急救援大赛、组织参观防灾教育馆、开展防救灾组织和政策相关的学术研讨和交流等，在不同层面和层次推进安全意识的培养和安全知识的深入普及。同时，日本防灾物品的采购十分便利，通常在大型超市设有防灾用品区，出售防护用具、方便食品等相关用品，从生活环境中塑造安全文化的氛围。日本部分都道府县政府还根据本地区实际设立相关节日，如静冈县将每年的 7—10 月列为“防海啸活动季（旬）”，名古屋市设有防灾和志愿者日、综合水灾训练日、滞留者支援训练日等，各都道府县政府根据自身的灾害种类、应急组织的战略安排、队伍建设情况以及民众实际情况，以节日为契机进行周期性的公共安全宣传教育普及工作和自救互救技能提升工作，为民众认识和了解灾难、提升危机意识提供了时间及条件保障。[1]形成服务于公众又依靠公众的局面。

## 第三节　相关经验及启示

### 一、完善应急志愿服务体系，高度重视社会力量参与

其他国家应急管理的相关经验说明，应急志愿服务是体系优化建设的重要因素。我国应该结合地方实际，依托社会，鼓励应急志愿服务的充分发展。

一是要结合各地区实际完善以社区为主体的志愿服务机制。应急志愿服务的核心建设在于保留和充分发挥志愿服务队伍的高弹性和高灵敏性。基层社区是突发事件管理的前沿和前线，是灾害事故的直接承受者，也是安全风险源头治理的最初发力点。特别是在突发事件风险复杂化、耦合化的趋势下，多元主体的参与

---

[1] 陆继锋、曹梦彩、陶玫杉：《日本应急防灾知识普及的经验与启示》，《中国防汛抗旱》2019 年第 5 期。

以及应急管理重心不断下移成为适应宏观趋势的重要手段，强大的基层应急治理能力可以在阻滞风险传导扩散方面达到“一针及时，可省九针”的积极效果，基层社区的重要战略意义毋庸置疑。但同时，在倒金字塔式的安全资源配置情况下，基层社区在人力物力上的资源与其所承担的责任和压力并不对等，在此情况下，高度灵敏性和机动性的志愿服务队伍力量下沉到社区，深入到基层服务，就可以有效缓解重大突发公共事件中基层社区人员短缺，特别是专业人员不足的情况。志愿者通过有组织、有规划地进入社区，可以在突发事件的紧急情况管理中扮演第一反应者的角色，结合自身专业技能在灾情演变过程中根据社区居民的动态需求充分发挥灵活性的特点，因人因地提供有差别的精准化援助。既可以在重大突发事件当中充分发挥其在维护基层社会保障、稳定群众心理稳定和社会秩序、保障公众生产生活等方面的辅助性作用，同时也对培育应急社会资本发挥独特作用。在社区的规划组织之下，零散、分散、个体的志愿者力量可以有效整合到有序的组织化力量当中，例如在重大突发事件当中可以通过建立定向、定期的信息沟通和交流，及时互通应急救援、任务执行、群众转移安置、物资分配、灾情需求等相关信息，为社会志愿队伍积极参与和充分发挥效能提供便利条件，使志愿队伍的热情得到有序的释放。

二要注重应急志愿队伍的培养和建设，提升其专业化的水平，成为政府力量的有益补充。在突发事件应急响应越来越追求亲民性和差异性需求的发展背景下，为灵活的社会力量赋能，提升其专业化的水平意义重大。不仅要通过支持应急志愿者的业务培训、应急演练等来提升个体志愿者的专业素质，同时还要理顺政府力量、各类专业机构和社会力量的关系，设计建构合理的应急协作网络，在承担合理角色位置的基础上开展分类分级的志愿服务。

三是要统筹推进地区应急志愿者的安全保障工作。要结合各地区经济、社会发展实际情况，因地制宜地探索、构建和完善对于应急志愿者的安全保护和风险管理。在物质保障上，要通过资金支持在合理范围内为志愿者提供相应的救援专用设备、装备和个人防护用品，提升志愿者抗风险的物质保障。同时积极引入商业保险，通过为志愿者购买人身意外险等方式减少其后顾之忧，提升志愿者的参与热情；在技能保障上，可通过定期、定向举办业务培训和联合演练提升志愿者的公共安全知识和技能，提高个人自我保护的能力和团队协同配合的能力；在组织保障上，要积极做好各级各类应急演练工作，不断调整、纠错，通过科学的研判和调度最大程度保护志愿人员在内的应急救援和处置队伍。同时要充分运用微信群等社交平台做好实时的协调和风险管控，及时发现风险、识别风险，并对应急志愿队伍进行高效的对接供给和动态支持。

四要以科技为支撑推动公共安全志愿队伍发展。伴随着突发事件的高度复杂化发展，不仅对公众的生命健康和社会的稳定运行带来严峻的挑战，同时也对参与安全行动的志愿队伍的灵活性、响应性和创新性提出了新的要求。新时期应急志愿队伍的建设要坚持以技术为支撑，注重利用各类新型技术工具和新的理念强化自身，形成应变能力强、行政程序制约少的优势，成为政府力量的有益补充。

## 二、加强防灾与公共安全教育

在突发公共事件特别是重大灾难发生以后，政府需要采取一系列的非常规管理措施，可能会对部分民众实行法律允许范围内的干预和约束，以达到快速控制突发事件发展态势、遏制次生和衍生灾害、降低灾害损失的目的。因此，应急措施需要全民的积极充分配合，这就要求公众具备较强的安全素质和安全技能，能够增强对政府应急措施的理解和信心，在突发事件中自觉听从政府统一指挥并发挥自身力量。当前，大部分地区普遍存在面向公众的防灾减灾教育、公共安全技能培训普及性不足，公众的安全理念、安全素质和应急知识比较薄弱的问题。因此应该借鉴国际和国内先进地区的成熟经验和做法，开展常规、定期、日常的突发公共事件宣传教育，通过教育、媒体、政府、社会相结合，在资金投入、政策支持、媒介平台、课程项目等方面全面发力，提升公众在突发事件中自我保护能力和对政府应急行动的参与度及配合度，稳定灾难事故中的社会心理，提升公众公共安全的意识、素质和技能。

一要明确各主体在防灾减灾宣传教育中的职责。政府、社会组织、学校和家庭组成了公共安全宣传教育的基本框架，在保持平衡关系的同时明确各方责任，才能充分发挥作用。政府要承担防灾减灾和公众公共安全能力提升的制定教育规划、组织实施、教育资源保障、政策支持、协调控制等职责；个体家庭是安全宣传教育和知识普及的目标对象，家庭中的普通社会居民对安全知识的接受程度决定了公共安全宣传工作的程度和水平，要从普通公民入手，结合相关课程和项目，通过媒介宣传和社区学习，积极做好基层公共安全宣传教育工作；学校在公共安全宣传教育工作中同样起到重要的作用，应当学习先进地区的经验，将防灾减灾的宣传教育内化于学校教育之中，如在基础教育阶段可以试行设立专门的公共安全讲授及实践课程，包括安全基础知识、急救教育、防灾教育等系统性教育，通过视频影像播放等手段对各地区域内高发的各种灾害性事件进行普及性教育，引导学生充分了解身边的基本情况和风险源，如居住小区的平面布局、避难场所、人口成分、应急资源等。同时可规定各学校在每学年定期举行应急演练，由学校师生参与及观摩，检视学校应对灾害的处置能力及各项应急流程的科学性，使师生了解应急救援、医疗救护、信息通报、紧急避险、对外发布等的实际操作，提升安全基本素质。而在高等教育阶段应鼓励公共安全专业学科发展和研究，推进公共安全相关研究的专业化和前沿化。各种协会及志愿者组织是公共安全宣传教育的重要力量，在保持依法有序参与的基础上，要充分调动其积极性、发挥其专业性和灵活性，支持其积极参与安全宣传教育工作。

二要提高安全宣传教育培训的科学性。在内容设计方面，防灾减灾和公共安全相关理念和技能宣传教育应当涵盖自然灾害、交通事故、传染病疫情、火灾、食品安全等常见灾害事故种类，通过专业分类的模块设计，对应相关突发事件设计，包括公共安全基础理论知识、相关风险点识别和预警、相关灾难事故中的自救互救技能、公共安全意识培养、灾害中的心理素质和配合能力培养等方面；在宣传教育形式方面，要根据技术和媒介平台的发展，不断调整和变化新的形式来提升宣传教育的效果。要高度重视利用互动影片、数字化技术等提高民众对公共安全相关知识和紧急避险技能的接受程度，可以通过持续推动防灾主题教育月活动、系列工作坊、讲座、影展等活动，推广普及地区自然地理环境、灾害类型、防灾知识等，以寓教于乐的方式，引领民众从以往发生的灾难去反思和学习，同时增强对政府公共安全工作的信心，提升公众公共安全的意识以及防灾减灾的知识水平；从安全宣传教育的路径来看，要不断拓展应急管理相关教育培训和知识普及的路径。既要充分利用大众传媒和社交媒体教育节目和栏目开展公益宣传，也要抓好学校特别是义务教育阶段的宣传教育，让安全意识从娃娃抓起。同时也要重点面向基层公众和管理人员，深入到基层当中，在厂矿企业、社区等基层一线督促公众提升防灾减灾的意识，积极推动家庭防灾文化，结合本地区群众生产生活需要，通过各种媒介形式以及社区工作人员入户宣讲向民众普及多发灾害信息及防灾减灾知识，采取公众容易理解和易于接受的宣传方式扩大宣传推广面，同时相关部门可以指导社区制作包括紧急集合点、紧急联络人、紧急安置所等信息的家庭防灾卡，掌握社区居民的具体应急信息，提升个人及家庭的安全意识。

三要做好宣传培训队伍建设。加大资金投入和政策支持力度，做好顶层设计，为公共安全宣传教育提供经济和政策保障。要从专业素养、实践经验等方面出发选拔人才，建设能够胜任防灾减灾宣传教育工作、既通晓公共安全相关理论知识又了解抗灾减灾实践工作的专业和兼业教育培训师资队伍。积极邀请和组织专家学者组成专家智库，宣传和解析突发事件的发展形势等前沿性问题，发挥权威作用吸引公众的注意和支持，并对安全宣传教育的培训效果实行量化评估，发挥公众的力量监督培训质量和效果。同时要高度重视将安全理论和实践相结合，利用多样化的课程体系在条件允许的地区开设桌面推演、情景模拟、小型预案演练等实践操作类课程，还可以借鉴先进地区的做法，建设宣传教育实践基地，结合本地区灾害类型建设面向公众建设一批功能齐全，运作质量高的防灾科学教育馆，让公众了解当地的灾害种类、特点，了解防灾减灾的重要性并提升其灾害应对的知识与技能，根据各地区实际特点，防灾科学教育馆可以涵盖居家防火、低温冰冻、城市内涝、儿童防灾、紧急救护训练、灭火训练、地震体验、通报训练等相关科普和训练场馆，利用各种科技手段模拟火灾、内涝灾害、低温冰冻、地震等地区高发灾害，供公众实地体验及操作，以提升公众对灾害的认知能力和安全应急能力。还可以开设实践演练基地，充分利用技术支撑制造仿真资源，进行预案模拟演练，将公共安全和防灾减灾的理论知识转变为实践操作的技能，通过开展防灾救灾演习活动，推进公共安全宣传教育的真实化、应急演练的规范化，提高公众安全知识素养和技能，有效减少突发灾害中的伤害和损失。

## 三、注重基层社区应急能力建设

从全球公共安全的发展趋势及其他国家的先进经验可以看出基层社区是突发公共事件的前沿和前线，在维护社会经济正常运行、保障社会秩序、影响公众安全感方面作用显著。目前我国基层公共安全风险防控体系仍需进一步完善，社会力量参与应急行动缺乏健全完备的机制。同时，大部分地区在基层社区突发事件管理中也存在着安全能力薄弱、应急资源不足的境况，基层安全人才资源短缺、居民自救互救技能不足、安全宣传教育培训和应急演练覆盖面和效果仍需进一步提高，加之基层应急避难场所建设、物资储备调配等一些具体而重要的问题，这些制约着基层社区公共安全治理效能的发挥，需要持续提升基层社区应急能力。

一要通过持续性的制度法规及政策支持基层社区应急建设。在借鉴先进经验基础上，结合各地实际制定基层应急管理总体规划和建设方案，通过总体规划和分阶段实施方案，推动基层应急需求自主化、基层应急规划整体化、基层应急信息公开化、民众参与普及化、社区应急工作团队化、基层应急管理制度化。通过委托相关科研院所协助整合区域范围内的基层社区安全资源，将社区常态化的网格化治理模式与非常态的突发事件管理相结合，明确基层社区及相关工作人员的应急管理职责，充分发挥基层社区前沿前线作用，强化对辖区内各企事业单位与居委会的指导，实现责任的逐级分解。通过选定典型社区优先扶持和推广，最终实现基层社区在常态与非常态管理工作中的自由切换，充分发挥基层应急管理机构的重要作用。同时要积极推进基层社区建设建立综合应急救援队伍，在基层公共安全总体规划的基础上，推动建设自主防灾社区，做好疏散转移、简单的医疗救助等补充性的应急救援工作，与辖区内的其他社会救援力量合作，高效开展应急响应工作。要根据社区自身特点绘制本社区灾害地图，选取应急避难场所及疏散撤离路线，充分发挥社区网格长、党员干部、居委会、优秀青年代表等骨干力量的带动作用，组建安全志愿者队伍，在风险识别、教育科普、应急救援、群众心理安抚、恢复重建等方面发挥重要作用。要定期举办社区应急演练、定期巡逻防范，提升社区居民安全防范意识等。推动民间组织等各界力量在基层应急管理中的持续性投入，旨在增强民众的安全意识，提升基层在风险防范、危机应对、善后恢复等突发事件管理各流程阶段的作用，激发社区居民自救互救的观念。通过持续性的制度法规及政策支持，使社区居民及社区各类社会团体在应急管理中充分展示出其特有的功能和作用，激发基层公共安全建设呈现蓬勃发展的态势。

二要发挥多元主体力量促进基层应急管理发展完善。基层应急管理作用的充分发挥，在于依靠多方力量共同参与推动，要充分借鉴先进成熟的经验，引导多元主体的有效参与，推进基层公共安全的信息共享与组织协调。首先要发挥政府部门在基层应急建设中的主导性作用。从我国当前整体趋势来看，普遍存在着应急资源配置“上粗下细”、基层公共安全主体职责权限不明晰、基层信息渠道不通畅等问题，因此现阶段要积极理顺乡镇政府、社区村居在公共安全中的职责权限，充分发挥党委政府的领导职责，打破当前的信息壁垒，明晰各主体间的责任，推动应急管理的主体部门如警政部门、消防部门与基层社区紧密合作，建立协同合作的渠道路径。可以通过在基层成立守望相助巡守队，推动形成高效行动队伍。同时要充分发挥政府的社会动员能力，推动建立基层群众性的社区灾害防救组织，如防火宣传、自救互救等志愿者团队，强化其与其他主体间的信息共享，与政府应急救援相配合，解决现阶段基层公共安全治理存在的协调困难问题，充分发挥政府在基层公共安全治理中的特殊作用和意义。其次要发挥专业力量在推动基层应急管理科学发展中的重要作用，为了实现基层应急的规范性、科学性发展，要充分借鉴已有的经验，组织专业团队规划建设安全社区、韧性社区，改变当前基层安全能力不强的现状。参与社区应急规划的专业团队应该包括具备社区营造、防灾工程、等专业技术的高等院校、科研院所以及专业社区规划师团队等，通过深入社区，充分发挥社会资源优势并根据不同社区基本情况，拟定全面覆盖各类突发事件的社区风险管理计划、应急避难程序，持续推动社区居民灾害防救认知和灾害自救能力，协助社区申请公共安全资源等，全程互动式参与到社区应急管理的落实、执行和评估过程中。最后要充分发挥企业在基层应急能力建设中的力量，在基层应急建设中，企业的资金及物资支持是十分重要的，在灾害发生后，企业对于民生物资及救难物资的援助可以有效提高救灾效率，而基层在进行环境调查及应急演练活动时，也会积极谋求当地企业的参与及帮助，企业与社区的唇齿相依、合作发展既有利于基层应急建设的资金、物资支持，也有利于社区与企业建立良好的协作机制，使企业成功融入区域应急规划。多元力量和资源在提升基层应急能力方面能够发挥出巨大作用，强化多元主体力量的信息公开共享、沟通协作机制可以有效帮助基层更好地应对重大灾害风险。

三要健全基层应急管理相关法律制度体系和安全文化体系。现代社会的突发公共事件具有高度的不确定性和耦合性，造成次生和衍生灾害的风险非常高，发展速度快、应对难度大。基层作为突发事件的直接冲击对象，也最有利于第一时间高效开展相应工作。因此，伴随着公共安全改革逐渐向基层深入，要充分发挥基层应急管理的作用就必须从法治上和文化上双管齐下。在法治上，要完善当前基层应急管理相关的法律法规和应急预案建设，改变基层应急权责不对等、职责划分不明晰的状况，对基层应急管理的责任主体、资源调配、任务执行、响应流程、组织支援、预案制定等方面厘清责任，形成法律法规或措施办法等，并构建相应的制度体系，做好基层应急管理的顶层设计。在预案建设方面，要根据社区实际情况制定覆盖涉及全类型突发公共事件的、包含风险识别、预警、应急响应、善后恢复全流程的多方案应急预案体系，要包含食品安全、自然灾害、传染病疫情、交通事故、内涝灾害、消防安全等不同领域内容，并通过不断评估和完善力争覆盖到社区重大公共安全风险的方方面面，从而建构起一个完整的基层应急法治制度体系。

在文化上，要坚持推动基层安全文化体系的建设和发展。先进地区的经验和诸多重大突发事件表明基层安全文化教育以及居民自救互救的重要性和不可替代的作用，要通过加强基层安全文化的培训和宣传，着力推动社区居民有效参与应急管理的运行机制，向民众普及灾害防救技术与知识、定期举行社区应急演练，建设社区公共安全的信息、教育及支援体系，提高基层应急管理制度的执行力，构建在风险识别、预警、处置各环节都能够充分发挥力量的安全和韧性社区。

# 第八章 应急管理的流程优化与弹性塑造

## 第一节 提高基层社区应急效能

党的十九届五中全会将“社会治理特别是基层治理水平明显提高，防范化解重大风险体制机制不断健全，突发公共事件应急能力显著增强”[1]列为“十四五”时期经济社会发展六大目标之一。党的十八大以来，权利与责任、资源与服务的下移、下沉趋势明显，基层社区以国家治理主要参与者的身份，在化解风险、应对灾害发挥前沿前线的作用。

近年来，突发公共事件应急管理工作面临着内外部的双重严峻考验：内部来看我国已进入到信息化、城镇化和工业化的时代，这使得社会在取得巨大进步的同时也面临数量更多、类型更多元的突发事件；外部来看风险具有了全球性，没有哪个国家可以独善其身。面对严峻的形势和层出不穷的突发事件，虽然大部分危机都被妥善处置和化解，但仍有少部分造成了严重的损害，造成不必要的人员和财产损失，暴露出在突发事件应急管理中的问题。

党的二十大报告指出：“我国发展进入战略机遇和风险挑战并存、不确定难预料因素增多的时期”，并设专章部署国家安全工作，明确要求“以新安全格局保障新发展格局”。

而当前，积极做好基层社区应急建设是改革和建设的趋势，作为安全的基石

---

[1] 《中共中央关于制定国民经济和社会发展第十四个五年规划和二〇三五年远景目标的建议》（2020 年 10 月 29 日中国共产党第十九届中央委员会第五次全体会议通过），中央人民政府网。

和前沿，面对新形势、新征程，必须不断优化治理模式、提高治理效能，逐步解决基层社区职能边界不明晰、行政化压力过大、公共安全意识僵直化、公共安全人才队伍建设不足、应急动员能力不够等问题，充分发挥基层社区不可替代的基础单元和管理末梢作用。

## 一、紧密融合政府部署职能与社区动员作用

应急管理制度与国家常态行政体制紧密相连，在我国，应急管理强调政府的统一领导、分级响应和全民参与。社区作为聚合民众居住及生活的空间结构，是党和政府联系群众的前沿纽带，在我国应急管理重心下移的发展趋势下，需要做好政府的领导、部署职能，推进基层社区在突发事件应急中社会动员和前沿前线作用。

一方面政府要做好综合性的统筹协调。当前，基层社区并不能完全独立地进行应急管理相关工作。政府要在适度放权的基础上协助社区完善应急管理的自组织力，清晰地界定社区在突发公共事件中的责任和权力，从制度、手段、方式方法等方面入手，调动基层社区参与的主动性和主体意识，避免基层社区更多地作为执行机构而弱化主体意识、主体作用和担当精神，以基层社区为动员主体，整合、调动各级各类资源，加强政府与社会力量、市场机制的系统联动、协同配合，充分发挥社会组织功能多样、行动灵活的优势，扫清信息不对称、供需不匹配、活动不规范、公众舆论复杂等阻碍社会力量参与应急治理工作的障碍，形成广空间、泛资源的社区应急治理流程。

另一方面社区要在党和政府的领导下积极发挥社会动员作用，实现多元主体的积极参与。发挥党集中统一领导优势是化解重大风险的必然要求，也是我国应急管理的制度优势。在基层社区防范风险、应对灾害的实际工作中要充分发挥社区党组的战斗堡垒作用，将党组织的统筹、协调、监督作用与社区应急管理工作相融合，拓宽制度空间；同时号召优秀党员作为先锋，发挥党组织的团结力和凝聚力引领民众，打造风险命运共同体。

## 二、科学编制和管理社区应急预案

应急预案能够有效减轻和消除公共危机引发的破坏性后果，规范突发事件的预防及应对措施，保障迅速、有效的行动。基层社区对风险的早期认识和规范应对是应急管理工作成败的重要因素，为指导社区应急管理的时效性和规范性，要对社区应急预案从编制、修订、演练等多环节精细化管理，实现预案程序规范化、预案内容多元化。

1. 从社区实际情况出发编制应急预案

应急预案的编制要摒弃形式主义的做法，防止出现体系性重复，机械性照搬。避免出现大部分社区缺乏对本区域内风险的整体评估和监测，只能作为上级相关部门工作配合者的情况。应着力提高社区应急预案的个性化、科学化水平，根据社区实际情况，可在预案中体现风险的致灾原因、社区风险隐患以及可能造成破坏性的评估、社区的救灾力量和救灾过程模拟、社区内居民应该怎么应对等。应在政府和专业力量的支持下形成具有地域性和时效性的预案。

2. 强化社区应急预案的修订工作

社区的风险隐患类型和诱因是具有不确定性的，会随着社区的实际情况变化而衍生新的风险。当前，基层社区应急管理能力水平落后于经济社会发展速度的弊端逐渐凸显，在应急管理工作中，集中体现出基层应急预案动态管理的滞后性，不能科学、有效地考量城市化发展的变化和人口的高密度流动等变量，对于公共安全风险特别是新兴风险缺少辨识能力，难以满足对新形势下风险防控和应急处置的需求。因此在预案的修订和动态管理中要从源头发力，识别可能出现的新的突发事件类型并及时对预案进行修订，以确保预案的实用性和全面性。

3. 强化应急演练工作

当前，基层应急的基础和前沿位置越来越受到重视，但社区优质应急资源少的问题也逐渐暴露，特别是应急演练受到资源、技术、自主性等主客观因素制约，成为社区应急管理工作的短板和弱势。当前亟须通过对基层应急演练和模拟发现问题，政府可适当通过专项资金、专项政策等予以支持。演练内容应侧重于地震、火灾以及其他社区常见的突发灾害，演练的成员要涉及社区全员，包括社区居民、周边学校、单位等，提升全体民众对社区常见风险的紧急避险和互救能力，同时可通过与相关领域专家合作编写演练方案文件并对演练效果进行评估。

## 三、强化社区应急资源和人才保障

首先，社区的基础设施建设包括水利电力系统、建筑物、医院、学校、社区公共基础设施等应符合安全需求，因地制宜合理确定居住社区规模，具备在相应等级灾害破坏下维持基础功能的能力。

其次，要吸引社会力量加入社区应急工作中。政府主要发挥的是指导的职能，引导社会组织、企事业单位以及公民个人可以在公共安全活动中形成更为密切的伙伴关系，因此要通过建立有效的动员机制，吸引更多的社会力量进入到社区安全工作中。

同时要强化社区基层公共安全人才建设。目前我国公共安全领域存在较大的人才缺口，基层社区这一情况尤为严重，作为应急行动的第一线，基层社区对卫生防疫、灾害应对、应急救援等方面人才需求很大。因此要通过编制倾斜、加强培训等方式鼓励毕业生到基层工作；同时要加快组建社区安全响应志愿者队伍，针对专业化不足、保障机制不健全、公众的参与价值并未得到有效实现等问题，一要高度重视社区安全志愿者队伍的常态化、专业化培训，可通过理论学习配合模拟演练的形式提升志愿者的专业程度和实践技能；二要明确志愿者的相关义务，在突发事件中必须按照统一领导和调配，协助政府做好分派的救援、治安、人员安置、现场维护、宣传等方面的工作，做好应急协同；三要合理保障志愿者权益，在人身安全、劳动形式、参与程序上提供制度保障，并通过社会资源和相应力量为志愿者群体提供相应的意外事故和人身保险，解除志愿者的后顾之忧。同时可以通过适度的物质和荣誉激励，吸纳高素质的人才。

## 四、积极培育社区安全文化

拥有敏锐的灾害意识、良好的自救互救能力的群众是有效抗击灾害的重要力量，必须从安全文化的主体、内容、形式等方面入手，不断总结突发事件应急管理的规律、经验，不断提升地区安全文化建设水平。

首先，要明确社区安全文化建设的主体。政府作为安全工作的领导者，应统筹地区安全文化建设工作，依据地区实际制订阶段性的建设目标，在对当前安全文化总体发展态势精确评估的基础上，强化对领导干部和基层工作人员的安全意识与能力培训，并构建符合实际的责任标准、奖惩机制、考核目标等；媒体是安全文化的传播者，媒体在突发事件中要积极配合政府，及时准确发布信息、匡正时弊、破解谣言、安抚社会心理、引领思想舆论。同时媒体也要充分发挥动员作用，支持鼓励群众积极参与到社区安全建设当中，形成全社会共同抗击公共安全风险的新格局；社区是安全文化建设的操作者，要严格按照政府要求，做好公共安全的日常工作，通过抓好“关键少数”、党员干部、骨干群众，逐步扩大宣传范围。

其次，要科学设置建设内容。一要注重培养突发事件管理服务于社会又依靠社会的意识，通过学习和了解突发事件的发展态势、公共安全活动的规律和教训，充分发挥广大干部群众的主观能动性和配合性；二要注重培养应急技能，包括多发灾害事故的应急避险知识、自救互救技能、简单的救援方法等；三要积极宣传公共安全相关法律法规，通过宣传《突发事件应对法》、其他专项法、应急预案等，强化公众的法制意识，使群众知法、懂法、守法，依法配合应急措施、有序参与安全行动。

最后，要采用灵活的安全文化建设形式。既要充分发挥新媒体的作用，利用微信群、QQ 群、抖音等传播简单实用、趣味性的图文知识，利用“学习强国”等优秀的 App 载体，定期组织群众学习，并鼓励居民在社交工具互动，提高社区居民归属感。同时也要高度重视传统的宣传方式，如宣传标语、横幅、沿街门店LED屏、社区文化广场大屏幕等，充分适应下沉需求。

## 第二节　推动公共安全统筹—合作模式发展

为应对复杂交错的自然和人为灾害，保障公共安全需要，在阻断风险传播扩散、高效开展应急处置和善后恢复的全流程中，强调多元参与，按照政府决策部门的统筹，调动企业和非政府组织的力量，将其变成应急行动可利用的资源，形成良好的合作模式，拓展并合理配置应急资源，即为统筹—合作模式。统筹—合作模式的目标是形成全社会参与公共安全的模式，提高资源配置的效率。因此此种模式的前提和关键是参与合作的多元主体伙伴能够在思想上达成共识，同时对应急组织的战略安排有一致性的理解，以保障在统筹协调下，既能够发挥各自的专业优势，又能够做到行动统一。

在实践中，统筹—合作模式主要分为两种表现形式。一是政府与社会组织的合作。社会组织以其公益性、志愿性、多元性、灵活性、监督性等多重特点在应急救援、善后恢复、沟通民意等方面递送服务，充分发挥其在应急行动中的效率和能力有助于应对重大突发公共事件的威胁，也有助于提升公众对公共安全服务的满意度；二是与企业合作，发挥企业经济运作优势，促进和协调更广泛的利益关系。当前，公共安全形势复杂严峻，政府作为应急管理中的核心领导角色，必须要更新社会参与策略，与市场和社会组织共同构成保障公共安全的基本框架，大力推动和支持其有效参与应急行动，构建良好的伙伴关系，提高合作效率。

### 一、大力推动社会组织参与应急管理

社会组织又被称为第三部门或非营利组织，它是介于政府和企业之间的组织，具备非营利性和公益性，是慈善事业从传统走向现代的组织基础。社会组织的专业领域往往集中在扶贫、救灾等公共事务上，并因其灵活的组织与控制程序在突

发事件特别是导致严重伤亡和损失的巨灾中发挥重要作用。在重大突发事件中，传统的应急组织、响应、行动战略会面临超越和挑战，社会组织可以有效摆脱僵化的纤维性组织，灵活、快速、精准地满足差异化的安全需求，调动社会力量、培育社会资本，避免政府在安全行动中过高的试错成本，有效增强全社会的灾害调试能力。因而当前，要致力于为社会组织创造良好的发展空间，通过政策及资金支持提高应急相关社会组织的能力和效率，通过完善的制度方案、科学的人才队伍建设、合理的监督和约束，处理好应急行动中政府统筹管理与社会组织充分参与之间的战略一致性。

### （一）充分发挥社会组织提供突发事件信息的作用，促进应急行动中的信息共享

在突发灾害中，社会组织在收集社会信息方面具备天然优势。社会组织长期服务于扶贫、济困、救灾等公益性领域一线，对于弱势群体的声音和需求以及可能产生的矛盾和问题更容易精准把握，通过识别风险、反映民意，可以有效发挥风险预警作用。

在突发事件的应急处置阶段，越是复杂重大的事件，越是挑战应急响应能力，在巨灾应对中很难保障面面俱到，社会边缘弱势群体自身抗击灾害打击能力较弱，因灾影响基本生产生活的可能性更大，而政府在复杂的应急组织和行动中如果存在未能及时发现社会边缘弱势群体问题的情况，就容易因重大灾害引发衍生的社会问题，而社会组织因灵活性和个性化的公共服务、长期服务于边缘弱势群体的经验、对公共危机性质和机理具备的专业知识，使其对群体动态、社会矛盾能够有比较精准的把握。因此，政府应该同社会组织构建信息共享机制，在为社会组织提供成长空间和政策资金支持的前提下，充分获取社会组织的有效信息，强化社会组织的监督角色。而在信息共享中，一方面政府要获取社会组织的信息，助力决策、查缺补漏；另一方面，政府也要为社会组织参与应急行动赋能，在政府统筹指挥的基础上，通过社会组织提供相关信息引导其在突发公共事件中的应急行动、志愿者分派和资源配置，避免和缓解因信息沟通不畅导致的社会组织自发

行动低效或失效。通过建立信息共享机制，可以使社会组织在应急行动中的力量充分发挥，从而实现社会组织参与的有效性，形成分工协作的格局。

**（二）完善社会组织与政府之间的信任关系，形成应急管理的合力**

应急管理中的相互信任对于公共安全行动的效率和效果影响至关重要。为了充分发挥社会组织在应急管理中的作用，要努力构建政府与社会组织之间的伙伴关系。在公共安全形势的变化下，地方政府部门要全面、正确地认识到调动全社会力量应对重大突发公共事件是必然的趋势，要维护公共安全参与者的多元性，充分发挥社会力量在安全工作中的监督性、民间性，增强政府与社会组织之间的相互信任。政府要做好在应急管理中的统筹指挥工作，引导社会组织科学、有序地参与公共安全工作，在对社会组织进行严格规范的资质审核的同时，按照其专业优势分配部分应急事务，使其与政府形成有益互补，同时为其成长提供空间和保障，培育地方应急管理的社会资本。

社会组织则要从体制目标、服务水平、监督管理、持续发展等方面不断完善，成为地方政府工作中不可或缺的有效助力。从组织目标上，参与应急管理的社会组织必须以公共服务为主旨，以政府突发公共事件管理协助者为基本定位，从内部运作上保障规范有序和公开透明，完善内部治理结构，制定完善的自身管理和参与公共安全工作的计划和方案，制定合理规范的财务管理、收支管理和物资调配制度，接受政府与公众的双重监督、加强行业自律，拓展志愿者招募渠道、吸纳专业人才、优化组织内部成员结构、做好队伍综合素质和专业能力培训，提升公众信任和满意度。能够有效参与应急行动，承接好政府转交的公共安全事务，满足公众多元化的安全服务需求，在应急管理工作中发挥不可或缺的补充作用。

总体来说，地方政府要充分认识到当前突发事件风险的扩散性和无界性，明确自身在人、财、物力方面的限制，调动社会力量广泛参与应急管理工作，通过有效的沟通，建立良好的互动关系，并积极为社会组织发展构建稳定有序的法律监管空间，社会组织要强化自身的组织建设，提升被交付事务的完成质量和效率，提升全社会的应急响应和恢复水平。

### （三）健全对社会组织的激励制度

社会组织参与应急管理事务具有公益性和志愿性的特点，要鼓励社会组织更主动地参与到应急管理工作中，可以通过建立物质层面和精神层面的双重激励制度，调动社会组织的热情，凝聚人心。应急管理部门、民政部门等业务主管单位和相关职能部门要制定明晰合理的公共安全志愿组织和安全志愿者奖励制度，对奖励级别、标准进行确定并公开。在突发公共事件中，要对积极参与应急行动并表现突出的社会组织和志愿者依照制度予以奖励，对于表现突出的社会组织和救援队伍，可以依据地区实际情况予以资金和政策支持，对于优秀的志愿者，可授予荣誉称号并依规给予奖金奖励。要联合地方媒介平台对优秀组织和个人的事迹广泛合理进行宣传，在正面的引导、激励之下，推动社会力量的自我动员和激发，凝聚应急管理工作的社会合力。同时在地方政府日常管理行为中要为社会组织的发展提供成长空间，在硬件和软件上对相关社会组织给予支持。优化社会组织的审批程序，营造组织良性成长与发展的空间；提供资金扶持应急组织的救援培训场地建设和器材配备；鼓励和引导社会组织参与政府应急演练；牵头组织应急管理领域相关专家学者为相关社会组织提供咨询和培训等，将社会组织的主观能动性与政府的支持有机结合，增强社会组织生存和发展的核心竞争力。

## 二、发展应急管理中的 PPP 模式

PPP（Public Private Partnership）模式是指政府在公共产品及服务的提供过程中，基于提升产品及服务的质量、分担风险减少压力、利益共享等目的，有选择地与社会资本进行合作。合作方式包括特许经营、购买服务、股权合作等。

与完全依靠政府力量提供安全应急产品与服务相比，社会资本的参与更有利于提升安全服务的效率和水平。尤其是在 PPP 模式中，全过程管理有助于企业的深度参与，提高政府与企业间资源流通与转化的效率，在增加企业经济效益的同时提升公共安全治理的水平和公众对安全服务的满意度。自十八大以来，PPP 模式在积极的政策扶持下获得了良好的发展空间和蓬勃的发展，在基础设施和公共

服务领域成绩斐然，降低政府行政成本、缓解政府债务危机，同时也极大提升了公共服务的质量及水平。在应急管理体系优化中可以构建 PPP 模式，政府通过提供技术支持、市场保证、政策和制度供给推动民营资本介入应急管理发展。

在 PPP 模式构建中，一要做好分工与协调。使突发事件应急成为政府与企业共同参与的，分层次、分目标的多元化、系统化管理过程。在有收益的应急管理项目中充分引入民营企业的资金与管理优势，在应急管理资源配置中更加积极地发挥市场机制的作用，实现应急管理资源投入和服务产出主体的多元化，从而将政府的时间与资金成本充分投入到纯公益性质的应急管理项目，实现优势互补，逐步实现应急管理资源从计划配置为主到市场配置为主的转型。

在此过程中，地方政府要以合作理念为核心，在达成共同利益的基础上坚持可持续发展，实现政府与企业的双赢。政府推行 PPP 模式是在保障政府对应急管理工作统筹决策的核心地位基础上让渡部分工作，以提高治理的效率和专业化水平，同时降低治理的成本。其核心目标建立在治理水平的提升上而并非是从财政和融资角度去考量。因此在推行过程当中必须要考虑长期政策的持续性，使 PPP 项目的建设和运行减少受到政策变化的干扰，政府要以强大的监管能力和契约精神保障社会资本的合理利益，避免民营企业承担政策变化和履约的风险。❶

二要减少合作目标的差异。PPP 模式的广泛运用和快速发展充分体现其在减缓政府财政压力、提高应急管理服务效率的优势。政府部门的目标是借助民营企业的资金、技术及管理优势，民营企业的目标是借助投资获得竞争优势以及促进资本发展。双方在利益诉求、风险分担等方面的目标存在差异，因此在应急管理 PPP 模式发展中，必须形成利益结合、互相依赖的社会生产和服务体系。制定系统性、可操作、对民营企业具有激励效用的配套政策，对于参与 PPP 模式构建既有合理的约束，也要对其合理利益和行为予以保障和激励。通过充分合理发挥民营企业的力量，有效解决安全治理中的资金短缺、救援设备及物资短缺、关键应

---

❶ 段亚丹.《民营资本参与应急产业发展的 PPP 合作模式研究》，硕士学位文论文，西南交通大学，2017。

急装备发展缓慢、应急产品供求脱节、相关产学研脱节等阻滞，在实际操作中形成共赢。

三要健全立法工作，创造公平的营商环境。在应急管理产业链中，政府作为决策者和支付者需要引导更多的企业参与其中。因此，必须高度重视运用PPP模式开展安全治理的相关立法工作，统一而明确地规定主管部门及参与的机构的分工、职能和责任，规范项目实施与管理，减少项目进行中的争议与冲突，同时政府对于PPP项目政策要具备连贯性，始终践行关于民营投资的相关政策，支持民营企业进入到应急管理中。政府还要规范项目选择，择优而选、公正公平，消除民营企业进入的各种隐性障碍，以优质的市场竞争环境吸引更多的企业参与，构建更完善的PPP服务体系。

## 第三节　探索应急救援队伍专业化、综合化建设

应急救援队伍是应急管理的基础，也是应急处置工作的决定性因素之一。2018年政府机构改革以后，应急管理体系开始向统一、权威、高效、综合推进，改革的重心之一就是着眼于我国严峻的公共安全形势以及突发事件扩散性、无界性、复杂性的发展特点，着力强化应急救援队伍建设，提升重大灾害中应急响应力，保障人民群众生命和财产安全。

要从应急救援的队伍结构入手，着力提高专业队伍与非专业队伍的合成应急，以消防、武警、解放军为突击力量，以紧急救援、医疗救护等专业队伍为基本力量，以社会应急救援力量为辅助力量，不断提高各类灾害事故情景下的救援能力，及时处置灾害事故、维护群众生命安全、保障经济社会平稳发展。

### 一、强化专业应急救援队伍建设

应急救援队伍的专业力量分为综合性救援队伍和行业领域专业救援队伍。综合性消防救援队伍由应急管理部门管理，公安消防部队（武警消防部队）、武警森

林部队退出现役，成建制划归应急管理部门，是应急救援的主力军，救援范围包括防灭火、水旱灾害、地质灾害、事故灾难等；行业领域专业救援队伍是重要协同力量，救援范围包括矿山救护及救援、防汛机动抢险、森林消防、供电应急救援、航空护林等。

**（一）健全应急救援队伍良性运行机制**

建设反应灵敏的、高效能的应急救援队伍，是化解重大风险、适应新形势下应急管理的必然要求，专业应急救援队伍的建设应当立足于将不同的资源和力量科学整合，成为中国现代应急管理体系核心力量。一要从制度上促进和保障应急救援队的科学化、职业化发展，对队伍的组织架构、人员编制、硬件设施、资金调配、管理模式、训练机制等进行综合规划；二要各地统筹推进省、市、县、乡镇综合应急救援队伍的布局和建设规划，在地域范围内推动综合应急救援网络的构建和全面覆盖；三要制定健全执业人员准入、使用、待遇保障、追踪考评、绩效考核等激励和约束机制，制定科学、成熟完备的标准，同时出台符合实际的引才引智办法，完善应急救援人员薪酬标准，达到本地区高危职业人员薪酬待遇。

**（二）针对本地区灾害事故特点，统筹规划专业应急救援队伍类型**

目前，各地区的专业应急救援力量较多集中在防汛、森林消防、矿山救援等灾害类型，但随着地区经济和社会发展，针对处置难度高、危险性大、专业性强的救援需求快速增长，当前专业应急救援队伍的专业类型难以满足地区的刚性需求。因此在队伍建设和发展中，就应针对实际情况，根据本地主要灾害事故、产业类型、气候地质、社会发展、基础设施、人口分布等条件，按照“属地管理”的原则，成立相对应的专业救援队伍。如部分地区经济发展较快，安全生产正处于爬坡期、过坎期，矿山、危化品、道路交通等领域的风险防范任务艰巨，以化工产业、重工业为主的市、区（县）可考虑重点建设大跨度厂房火灾事故应急救援队，在队伍专业性训练和救援技术装备上加大支持力度，减轻综合性消防救援队伍的压力；危险化学品生产、经营企业较为集中的市、区（县）应考虑组建危化品相关专业救援队伍；同时要根据城市建设发展情况筹划组织涉及轨道交通、高速公路、地下空间等复杂环境下的专业救援队伍建设。

### （三）建立教育培训和实战演练制度

要将基层综合应急救援队伍的教育培训和实战演练制度化、规范化，突出专业化的训练模式。在培训思路、训练模式、人才培养机制等方面结合实际、打破常规、科学规划：一是构建分层分类、课程体系科学系统、师资队伍专业化的救援队伍教育培训体系。通过建设精良的师资队伍、优化训练场所和基础设施，在基础理论、人员编配、装备结构、救援技能、战术配合、案例分析等方面开展科学、系统的培训；二是通过常态化的应急演练提升实战能力，按照灾害事故的类型和可能面临的不同环境特点等设置实战演练训练模块如真火与烟热环境、黑暗环境、狭小空间、地下空间的行进、救援和避险，防盗门窗的组合拆破等；同时要定期举行综合性的应急演练模拟，结合应急预案，对综合性应急救援的协同化水平加以检验，及时总结队伍在协调联动、应急响应、指挥机制等方面的问题，并据此调整训练计划和机制，构建训练有素、装备精良、实战能力强的应急救援队伍。

## 二、发展社会应急救援力量

社会应急救援队伍是应急救援的重要辅助力量，配合专业应急救援队伍，立足于社会力量亲民和灵活的优势，在保障应急行动统一性的同时有针对性地开展灾害事故的救援工作、知识宣教与心理疏导工作、为专业紧急救援提供技术支持等。为充分适应风险的复杂性和不确定性变化趋势以及应急救援队的“全灾种、大应急”建设目标，应广泛吸纳社会力量到应急行动中以提升紧急状态下的救援效率，减少损失和扰动。当前，规范对社会力量的管理成为各级应急管理部门需要重点推进和完善的重要工作，社会应急救援力量的建设重点在于提升社会救援队伍的救援能力和与专业应急队伍相配合的战略一致性。

目前，社会应急救援队伍建设情况参差不齐。有的救援队伍规模较小、救援经验尚少。具备一定救援能力和经验的社会应急救援队伍，救援领域多有所局限，救援能力涵盖面不宽。同时，当前社会救援队伍的资金筹集以自筹和捐助为主，在资金、培训、日常事务处理等方面存在明显缺陷，在救援资金和装备不足、培训专业水准不够的情况下，目前还难以承担急难险重的救援任务。为使政府与社会救援力量形成相互促进、相互补充的良性格局，需要从政策、技术、资金等方面予以支持。

**（一）要制订地区社会应急救援队伍相关管理办法**

管理办法需要明确应急管理部门的职责定位，使管理工作有所依据。同时要在对社会应急救援队伍的人员规模、救援能力充分掌握基础上，完善注册标准，对于符合标准的队伍要及时注册。政府还应依法、依规规范社会应急队伍的装备场地建设、专业培训等自身建设，对社会救援队伍实行分级、分类，并对各级队伍如何合理有序参与事故灾害救援等予以明确规定，使得社会应急救援队伍有所遵循。

**（二）要出台培育和支持社会应急力量建设发展的扶持政策**

加强政策引导，提供服务支持，支持鼓励社会应急力量建设发展。要强化社会救援队伍的基础安全保障，可通过与商业保险机构合作开发相关保险产品等模式让社会应急救援队伍无后顾之忧地参与救援行动，充分发挥其政府救援力量的重要补充作用，扫清信息不对称、供需不匹配、活动不规范、公众舆论复杂等阻碍，加快推动社会应急力量与政府应急救援体系相融合。

**（三）要加大对社会应急力量在专业培训、装备保障方面的资金支持力度**

通过建立专项资金、政府购买服务、完善补偿机制等办法，促进社会应急力量健康有序、可持续性发展。规范发展的社会救援力量来源于社会公众，具有更强的适应能力和灵活性，能够在复杂情况下迅速开展行动，是应急救援的重要补充力量。目前，具有发展社会应急救援力量的有利社会氛围，要采取相应的推进措施，最大效度地促进社会救援队伍的发展，加快构建政府购买社会应急救援服务政策，在保证应急救援行为与市场行为严格区分的基础上，适度支付具有专业救援能力和发展潜力的社会应急救援队伍在参与应急行动时产生的人工、交通、物资和装备损耗等费用，满足其正常运转的需求，针对地区易发、高发的灾害事故种类，有针对性地做好相关社会救援队伍建设。

### 三、完善区域性应急救援联动建设

为适应突发事件复杂化和跨区域发展的态势，各地区要根据区域内突发事故的种类、特点、地区产业结构和社会发展，并结合救援力量情况，划分应急联动协作区，继续推进区域应急救援队伍建设，从技术和政策上充分支持，全面提升灾害应对能力。一要继续推进区域内应急救援队伍的协同，区域内在人员、器材装备、车辆机械等方面实现资源优化整合；二要建设统一的智慧平台指挥救援行动，充分运用各种信息化技术减少应急救援中的信息阻塞和行动不统一，提高行动的科学化、精准化、智能化、信息化程度，促进区域应急救援队伍间的信息实时沟通共享，构建应急响应、现场指挥和后勤保障全流程的信息网络，确保区域间各应急救援队伍的效能发挥和协同行动，达到应急资源效益的最大化；三要实现区域内应急救援队伍的互联互通，避免出现步调不一、各自为政的情况，通过沟通协调避免同质化；四要明确各类救援队伍的能力需求范围，如风险监测、救援技术、处置评估等，并推进应急救援队伍的职业资格制度，从职业需求、资金支持等方面吸引更多人才从事应急救援相关工作并保障其权益，推进应急救援体系现代化，提高综合应急救援能力。

## 第四节　推进政府风险管理立体网格化

网格化管理的实践契合“无缝隙政府”的理念，突破了传统的部门界限，减少了人财物力资源的分割，以为公众提供更优质高效服务为目标，重塑政府流程和角色，消除传统行政分工细、层级严导致的各部门管理碎片化、分裂化、各自为政的弊端，将公众视为公共服务的顾客，进行全面改革，实现全方位的公共服务供给，塑造新的组织文化。

伴随着我国经济社会的发展、城镇空间结构的变化，基层作为各类矛盾和问题的主要聚集区，其治理事务愈加复杂化。在此背景下，党的十八届三中全会首次将网格化管理写入党的文件，党的十九大报告强调提高社会治理智能化水平，从国家宏观战略方针层面将网格化治理作为创新基层治理的重要模式，而在地方治理的实践探索和不断优化中，网格化的精细和人性化管理优势也进一步彰显，获得广泛的认可。[1]

在风险治理中，网格化管理模式能够通过责任的逐级分解和下沉，迅速捕捉、精准识别、及时上报突发事件的风险，使相关职能部门能够尽早介入处置，阻断风险传播扩散，实现风险治理的关口前移，降低风险处置的资源投入。同时网格化管理模式能够在政府的领导和协调下，充分整合基层资源，使相关职能部门、居委会、志愿者组织等协同合作，打破了单一部门的界线限制。因此现阶段，要持续推进纵向到底、横向到边的立体网格化风险治理，筑起防范风险的第一道防线。

## 一、推进应急网格员和志愿者队伍建设，提升安全意识和能力

网格员工作在基层，处于风险防控的前沿和前线，是最能够第一时间识别和发现风险隐患的群体，网格员队伍对风险感知的敏锐性和专业性直接影响突发事件的源头治理。因此，对网格员队伍的培训要特别注重对公共安全相关内容的培训，增强队伍整体的安全知识和技能水平。

首先，各级政府应分层级组织本行政区域内的网格员队伍进行应急管理专业知识和专业技能培训。培训重点在于两个层面，一是提高网格员对风险的识别和发现能力，尽可能第一时间发现风险并预警，防止简单风险演化为复杂灾害事故、降低突发事件的处置成本；二是指导网格员规范、准确地报送应急信息，使网格员能够掌握应急信息报送的种类、内容、时限等基本知识，为相关专业部门准确

[1] 吕童：《网格化治理结构优化路径探讨——以结构功能主义为视角》，《北京社会科学》2021年第4期。

判断突发事件发展态势、科学决策提供全面、可靠的信息。同时，要根据本地区实际情况依法、依规建立应急网格员队伍的激励机制。随着应急管理重心下移，基层作为风险源头治理的发力点，承担的任务越来越重，但从目前的实践来看，基层责任重却人少质弱，网格员队伍的薪资相对较低，流失严重，不利于队伍的长期、稳定发展。因此，各地应根据实际情况，从提高网格员工资待遇等物质条件着手，构建稳定的网格员队伍，开展系统、规范的应急管理培训和队伍建设。同时根据《突发事件应对法》的相关规定，各相关职能部门要制定明晰合理的应急网格员奖励制度，对于在成功预防、及时预警和先期处置等方面做出突出贡献的网格员，可以依据地区实际情况予以资金奖励、荣誉称号等精神和物质层面上的双重激励，并对其积极施为、有效化解风险的事迹进行广泛合理宣传，增强对应急网格员的社会认同。

其次，要积极培养壮大基层安全志愿者队伍。风险通常始于公众生产、生活的基层，基层群众应该成为发现隐患、识别风险的主力军。进一步巩固、提升群众路线在突发公共事件应急管理进程中的实践性与有效性，构建最严密的防控体系是行之有效的路径。因此，要准确识别和上报风险隐患、在风险治理的源头发力，就要在大力推进应急网格员队伍建设的同时，让更多有能力的群众加入到公共安全志愿服务的队伍中来，凝聚起群众共同抵御风险的合力。在志愿者的组织和选择上，时间充裕的老年人可以组队承担简单的巡逻、排查、宣传等安全志愿服务，基层社区的党员干部、优秀中青年、专业人才可以加入突击志愿者队伍，配合应急网格员和专业职能部门承担更加复杂、精细的风险识别和先期处置工作，筑起安全风险防范的第一道防线。

在基层安全志愿者队伍建设中，地方政府相关职能部门如应急管理部门、民政部门等要注重通过在高校、社区和媒介平台的安全宣传，吸引高素质的志愿者加入，并对志愿者的防灾减灾知识和技能培训形成制度化的安排，通过举办基层应急演练等，不断提升志愿者的安全处置能力。在本行政区域内以社区网格为基础单元，组织规模庞大的中国特色应急网格员和志愿者队伍，开展广泛深入的基层风险排查和知识普及，形成应急管理的社会化新常态。

## 二、加大社区和网格内安全培训，变政府本位为公民本位，充分调动一切社会力量的自主性，提高公民的公共安全意识和能力

在推进风险管理网格化模式的过程中，要注意保持政府、企业和公众的平衡关系，建立起以政府为主导，以公共服务企业、社区、乡村为主体，群众广泛参与的基本框架。通过政府的统一协调和统一指挥、公共服务企业参与运作、基层民众共同参与，使不同职能部门和权属单位做到资源，整合下沉，形成多方力量的协同发力。通过公众积极有序的配合，集聚社会资源组织有效的动员准备、实施和恢复。通过广泛动员，深层次实现民众自救，提高全社会特别是脆弱性群体的避险救助能力。

首先，要有效推动实施全民性安全文化知识普及宣传教育，不断加强应急管理的宣传普及与专业性知识教育，不断整合城乡社区特有的社区文化与凝聚力。要向民众普及公共安全风险的种类、特点以及风险管理的重要性。结合城乡特区实际宣传工作并结合居民特点，采用多种方式开展宣传和动员工作，培养懂安全、会安全、能安全的社区群众主体。还可以通过应急演练等形式，引导民众参与及观摩，检视应对公共事件的处置能力及各项应急流程，防止民众因为对突发公共事件认知差异导致的配合度欠缺，提高应对突发事件的综合素质。

其次，要加大网格内基础安全能力硬件和软件建设，把安全资源和力量逐渐下沉基层。各地区可按照本地区实际情况和各网格区域内安全服务的个性化需求，拨付专项资金配备基础安全设施、设备，以及网格员和志愿者所需的应急工具，推进在网格内按科学规划和比例设置紧急避难场所和面向公众的安全知识技能培训基地；在软件建设上，各级应急管理部门、民政部门等相关职能机构可以通过定期举办相关宣传培训，规范基层的应急流程和应急行为，从硬件和软件上将应急管理工作做实、做细。

同时，要引导群众将风险管理作为自身的责任，帮助居民树立“每个人是自

己安全第一责任人”的理念，提升突发公共事件应急治理的主体意识，积极参与风险排查治理，协助管理部门查漏补缺。

## 三、运用大数据+网格化，拓展网格化管理系统内容，打造风险管控新模式

当前的安全风险管理网格化模式推行的技术基础是信息技术和信息系统，因此要充分运用大数据等先进技术，通过开发相应的软件系统，将应急网格员采集的网格风险隐患排查信息以及政府基础信息相结合，建立本地区公共安全和社会治理的风险基础信息数据库，为应急决策和日常管理提供信息支持，实现安全风险管控的信息化、智能化、精准化。

一是运用现代信息技术手段拓宽风险排查的渠道，要按照地区、行业制定风险排查方案，对网格内的生产经营单位、人员密集场所、大型城市综合体、道路交通、危险化学品存储地、大型场馆、学校等重要风险点实现重点排查、全方位监测。通过大数据、云计算技术将网格点基本信息、安全物资、风险点情况、人员流动情况等以数据形式加以分析，为实现风险防控监测与追踪、安全资源分配、分级分类差异化管控等措施提供更精准、高效的支持。

二是要推动在地区范围内建立区域性的应急管理信息数据中心。通过共享基础信息系统为风险预警、应急决策、现场救援和处置提供信息支撑，实现在突发公共事件中涉及的相关信息统一采集和数据资源共享，打通应急管理部门、其他相关部门、各网格点的信息壁垒，实现风险管理的精准对接和智能化响应。

## 四、推进农村地区网格化管理和服务，提升区域内应急管理网格化全覆盖、无缝隙水平

保障公共安全是政府的基本职能，是为经济社会稳定发展保驾护航的重要手段。构建全覆盖的管理网络，推进基层应急管理体系和能力建设势在必行。要达到网格的全覆盖和无缝隙，以不断提升的风险源头治理能力为经济发展和社会稳定提供保障。通过全覆盖的无缝隙网格化管理，配合现代物防、技防和人防手段，能够

实现对安全风险的精准发力、靶向解决，有效减少风险隐患排查的盲区和死角。

在当前风险管理网格化模式建设以及基层应急管理能力的提升建设中，要特别重视在农村地区的建设。农村地区应急能力是全国应急管理的薄弱点之一，2018 年，中共中央、国务院印发《乡村振兴战略规划（2018—2022 年）》明确指出要“健全农村公共安全体系，持续开展农村安全隐患治理。坚决遏制重特大安全事故。探索以网格化管理为抓手，推动基层服务和管理精细化精准化。”[1] 2019 年，中央一号文件《中共中央、国务院关于坚持农业农村优先发展做好“三农”工作的若干意见》进一步强调要“持续推进平安乡村建设。深化拓展网格化服务管理，整合配优基层一线平安建设力量，把更多资源、服务、管理放到农村社区。加强乡村交通、消防、公共卫生、食品药品安全、地质灾害等公共安全事件易发领域隐患排查和专项治理”。[2]诸多管理实践和国家政策表明，完善农村地区网格化管理是提升基层应急能力的必要措施。目前我国网格化管理的实施已经初见成效，但农村地区还需要进一步推行和完善。当前全国经济社会的快速发展，城市化进程加快，人口和资源不断向城市聚集和流动，这就导致农村地区的应急管理不但在基础设施、公共服务等要素上配置薄弱、资源匮乏，同时应急人员队伍也不足，因此要尽快强化农村地区安全网格化管理，使农村地区有急能应。

一是要制定和完善相关的指导性文件，防止农村安全风险网格化管理流于形式。农村地区与城市社区在风险类型、人员构成、治理环境、价值取向等都存在差异性，农村的网格化治理要探索自身的个性化模式而不能照搬城市社区经验。网格化是在复杂基层治理情境中的重要实践模式，农村地区的网格化治理中要结合基层自治和治理环境的不确定性，在尽量减少基层管理负担的基础上，针对农村地区的复杂情况和地域差别实现网格覆盖、职责明晰、横向到边、纵向到底。

---

[1] 中共中央 国务院印发《乡村振兴战略规划（2018—2022 年）》中华人民共和国中央人民政府网站。

[2] 《2019 年中央一号文件公布 提出坚持农业农村优先发展总方针》，《新华每日电讯》2019 年 2 月 20 日。

通过资源下倾、政策和资金支持、物质和精神激励，充分发挥多元力量和主动参与的效能，整合农村基层的应急资源，因地制宜筑牢农村公共安全的基本防线。

二是要开发农村地区应急人才资源，建立应急网格员和志愿者队伍。要根据农村基层的实际情况和多发事故种类组建应急队伍，如在林区主要以消防为主，矿区以矿山搜救队伍为主等。根据农村基层自治的特点，将村干部、片长和村民组长全面纳入到应急网格管理当中，发挥积极力量，并带动本区域的专业型人才、青壮年劳动力等组成应急网格员和志愿者队伍，加大对农村基层重点风险和敏感区域的隐患排查，并明晰职责，避免出现权责不清、互相推诿的情况，影响对安全风险的识别、上报和先期处置。政府要通过资源下倾，解决农村地区安全物资储备短缺的状况，保障队伍的应急设备和器材。同时要强化对农村基层应急网格员和志愿者队伍的培训，提升其安全知识储备和技能，并发挥其榜样作用促进农村居民整体安全意识和防灾减灾能力的提升。在基层党组织的战斗堡垒作用下，在政府资金、人力和技术支持下，构建农村基层全方位、多元化、立体式的安全风险防控网络。

## 第五节　推进地方应急管理法规标准化

党的二十大报告设专章部署国家安全工作，明确要求“以新安全格局保障新发展格局”。当前，在实现经济从高速增长转向高质量发展过程中，必须要处理好安全和发展的关系，高度关注公共安全这一最重要、最基本的政府公共服务。公共安全问题需要强制性的措施，法律是在突发事件应对过程中最基本、最主要的工具。因此，做好公共安全立法工作，在应急管理领域提升依法行政能力是当前优化应急管理体系的必然选择。

现阶段，各种自然与人为事故隐患、可预见和难以预见的风险因素交织叠加，能否有效地管理和处置危机已成为巨大的挑战，面对内外部的双重严峻考验，必须运用法治思维和法治方式推动应急管理事业发展，维护社会大局稳定和经济健康发展。各地区应以国家规划为引领和指导，积极推进地方应急管理相关法律法规体系建设，全面推进应急管理法律法规体系建设和依法行政建设。

## 一、推进地方应急管理法律法规标准化建设

应急管理相关法律法规体系的完善，可以有效平衡安全治理中权力和权利的关系，在紧急状态下给予国家权力机关高度的法律授权使其行使必要措施克服突发事件的巨大冲击，同时也立足于保障公民基本权利。相关法律对政府机关的权责、公民的权利与义务等有明确的规定，在法律的硬性约束下，对公民权利的克减必须保持在限定范围内，并且实行约束和保护的统一，以防止安全治理中的权力滥用甚至走向极端。在最大限度保护公民基本权益前提下，平衡非常态下的国家权力与公民权利，使安全措施的推行合法合理，保持在紧急状态下的社会秩序稳定。要全面推进应急管理领域依法治理、依法行政，优化体系建设，首先从应急管理法制体系入手，推动我国各地区法律法规的标准化建设。

### （一）推动地方层面做好配套，根据上位法，健全法律法规体系

在“十四五”规划中，国家层面将加快构建以应急管理法为基础，涵盖安全生产法、自然灾害防治法、消防法、应急救援组织法在内的“1+4”法律体系骨干框架。其中，安全生产法将逐步形成包括安全生产单行法律行政法规的安全生产小法典，自然灾害防治法将逐步形成包括单灾种法律行政法规的自然灾害小法典。各地区应积极跟进配套，在国家的指导监督下推进地方层面的立法工作，结合地区经济社会发展及地区实际工作经验，以上位法为依据开展立项起草、审查发布、宣传实施等工作。

### （二）开展应急管理相关法律法规专项清理

根据“十四五”规划及国家层面的立法工作，对现行应急管理相关法律、法规和规章进行合理的修改、补充和废止，根据机构改革后新的国家机构职责和上位法，梳理和重新修订相关的政策法规、部门规章，清除废止过时的规章规范，并按照当前的形势和应急管理发展的新要求起草一批亟需的标准、规章，避免法

律规范之间出现冲突和不统一的情况。同时要根据国家应急预案体系的修订工作开展地区各级各类应急预案的组织修订工作，全面构建涵盖全灾种、全层级的法规体系。

## 二、建立应急法律法规普法制度

在推进全面依法治国和治理能力现代化的阶段，必须依法进行应急管理工作。随着突发事件的多发、频发，应急管理作为非常态的管理模式已经开始与日常管理相衔接，并表现出显著的规范性需求。法律法规为其提供了稳定、可操作的管理框架，政府针对突发公共事件的措施具备合法性，公民在法律底线内的权利也能够受到尊重和保护，各方力量在参与到应急行动中时也存在法律依据。因此，通过建立应急管理法律法规普法制度，可以普及在法律层面上应急措施的正当性，避免在公共突发事件造成的紧急状态下的权力失序，同时也可以使紧急状态下的权责义务等落实到民众层面，提高紧急状态下应急措施的配合度。

### （一）可以设立专门的应急管理普法工作机构

针对应急管理法律法规的科普，一方面要针对公务人员，把普法频率、范围、效果等纳入干部考评中，强化对相关职能部门的教育，使其明确责任和公民权利，根据突发事件的破坏性和影响范围合理选择适应的应急措施；另一方面要针对公众，要通过多种媒介平台，采用大众可接受的方式精准开展相关法律法规的宣传培训，结合典型案例和热点问题，提升公众对应急管理法律法规的接受度，使公众积极主动配合紧急状态下的应急措施。

### （二）制定应急管理普法的教育、宣传政策

组织专家学者编纂应急管理普法相关教材，并纳入到学校教育当中，着力提升全民的法律意识；在突发公共事件中，发挥全媒体合力强化宣传，如在日常宣传中，结合电视、微博、微信、短视频平台以及宣传标语、横幅、社区宣传栏、LED 屏等形式，形成应急管理法律法规宣传的常态化模式，提高法治化水平。

## 三、完善公众参与应对危机的法律制度

把分散的力量集中起来，使公众有效参与安全治理是当前应急管理的发展趋势。总体国家安全观指导下应急管理体系改革的顶层设计推进了治理常态化，要求进一步加强社会动员能力和公众参与的制度建设。因此当前要从法律制度的角度保障多元力量主体通过多种有效渠道参与应急行动，形成政府主导与社会动员相结合，多元主体共同参与治理的机制。

一是制定相关法律法规广泛动员各种社会力量积极参与。志愿者服务组织、公益基金会组织等社会组织可以在应急救援、灾后重建、信息沟通、群众安抚、社会监督等领域发挥独特而重要的作用，因此需要政府为其提供发展的良性空间，通过在制度法规方面加大扶持力度，保障社会力量在应急管理中的地位。同时还需要对社会力量进入应急管理的过程进行监督和管理，对相关单位和个人的责任、义务、作用和地位作出明确规定，提升准入门槛，并逐渐完善依法监督和管理的长效机制。

二是加强基层应急能力的建设。对基层应急管理工作进一步明确任务、厘清责任，要重视基层党组织、村委会、居委会在应急管理工作中的作用，充分发挥其组织优势和宣传优势，并做好对基层人员安全技能培训的制度安排，使其在突发事件中能在极短时间内组织高效有序的处置工作，及时阻断风险传播，降低突发事故的损失和破坏。

## 四、坚持以人民为工作中心

应急管理关系到经济发展、公共秩序、生态环境等诸多方面，与人民群众紧密相连，要认真听取人民群众对安全治理预防、监测、处置、善后全过程相关法律规范的意见和诉求，加强可操作性法规和部门规章的制定，使其能够有效规范应急管理实践工作；要提供透明的监督环境让人民感受到公平和正义，对于在应急权力行使中出现的问题，坚持执法必严、违法必究。同时要鼓励人民群众参与

公共安全治理，制定相关的激励和表彰法制规范框架，各地立法机关可根据本地区客观实际，制定地方性法规、自治条例和单行条例，通过适度激励吸纳公众成为安全治理的常态化力量。

## 第六节 推行地区重大风险情景模拟构建

当今世界正经历社会、经济、新兴技术、生态环境的复杂变化，风险隐患明显增加，我国各地区也面临着突发公共事件复杂化和常态化的考验。党的十九届五中全会提出要“统筹传统安全和非传统安全，把安全发展贯穿国家发展各领域和全过程，防范和化解影响我国现代化进程的各种风险，筑牢国家安全屏障。”[1]结合各地区实际，重心之一是要在人口、生态环境、社会结构、经济发展、技术应用等多方面因素的影响下，做好应对重大突发事件的准备。当前，可结合地区实际，在全国范围内开展地区重大风险情景构建。公共安全是保障社会正常运行的基础，当前对应急管理最严峻的挑战之一是伤亡损失严重、挑战地方常规应急响应规划导致地方政府难以应对的巨灾。因此，为了防范化解重大突发公共事件的风险、降低事故损失，各地区迫切需要打破层级限制、突破部门壁障，建立科学设计、标准化运行和分析的统一的风险管理框架，从风险的识别发现、风险的分析研判、应急响应与处置、资源调配、协同合作等安全治理全流程和机制着手，而针对本地区实际状况的重大公共安全风险的情景模拟构建，正是突破科层制体系阻隔、甄别应急响应流程、直观分析和高效评估应急行动中的不确定和不稳定性的重要途径与方法。

情景构建最初发轫于军事规划方法，20 世纪 70 年代开始被引入到安全领域中，逐渐发展成为安全风险分析工具。应急管理领域的情景构建是在对地区经济、社会、地理、人口等可能涉及到的客观条件和状况充分考量的前提下，基于底线

---

[1] 《中共中央关于制定国民经济和社会发展第十四个五年规划和二〇三五年远景目标的建议》（2020 年 10 月 29 日中国共产党第十九届中央委员会第五次全体会议通过）。

思维，对地区重大风险事件进行情景模拟，并结合当地应急管理能力和水平，合理分析和推测灾害事故的演化方向和可能造成的破坏，对于应急响应流程中的不稳定性、不确定性、存在的短板和问题合理分析，明晰应对的能力需求和科学措施，力求在现有条件下做好充分的应急准备。美国、德国等国家相继针对重特大突发事件开展情景模拟构建，近年来我国也逐渐开始推进重大风险情景构建工作，力图解决地方政府在重大风险治理中存在的不了解地域典型灾害的基本规律、没有目标明确开展针对性的应急准备的问题。

## 一、情景构建的深层次价值

情景构建是风险治理的重要工具创新，对于提升风险源识别能力、提升应急决策科学化水平、强化应急响应的规范性，具有重要的意义。

首先，重大风险情景构建可以促使各部门破除壁障，跳出条条块块的格局形成应对风险的合力。风险的情景构建是在组织层面模拟突发事件应急响应流程，其事前、事中的应急职能分散在各相关部门，而这种针对具体风险情景进行的全流程模拟，需要各部门从抽象的职责思考转换为以具象的事件为中心，共同分析风险的发生和传导，梳理可能对事件发展态势和趋向造成影响的内外在因素，科学分析当前应急决策的合理性，判断风险耦合叠加的路径，分析简单风险演化为复杂风险的先兆事件，以及明确应对重大突发公共事件的时间表、任务单、责任人等。这种综合化、全流程的模拟需要各相关部门统一认识、代入式参与，在相互配合和交流过程中可以有效消融信息壁垒、突破部门阻隔，考虑重大突发事件的应对需求，进行有主有次的协同配合，形成在重大风险中的应对合力。

其次，情景构建能够有效评估应对程序和制度的合理性。重大风险情景构建和模拟演练的过程，是结合本地区的实际情况，将应急准备和应急响应的宏观概况和微观运作实时呈现的过程，可以直观地检验本地区、本部门的相关政策、措施、流程的合理性，是否需要补充和优化。通过对风险演化路径的反思并结合相应的应急行动，对本地区的应急政策、应对程序等开展动态管理，有针对性地改善短板和漏洞，对存在的重大风险做好应对的思想准备和工作准备。

同时，重大风险情景构建是基于“风险可能性”进行的分析与推演，对于提升相关职能部门领导干部的底线思维、辩证思维、创新思维具有重要意义。这一完整具象的过程需要关注事件的内在诱因、外部环境，需要根据其他典型案例反思经验教训，需要对当前应急管理组织系统和能力进行准确判断，需要对现有的相关法规政策有精准把握，需要在总体的、历史的、辩证的高度甄别应急准备和响应程序需要优化的环节。这可以促使相关职能部门和人员不断从理论和实践的角度思考程序、制度、标准、手段的科学有效性，进而提升应急管理能力和水平。

## 二、重大风险情景构建过程及方法

重大风险情景构建的具体步骤包括情景主题设定、寻找驱动因素与关键不确定性、情景开发与深化、战略关联等。❶

北京市 2013 年发布《北京市巨灾情景构建总体工作方案》《北京市巨灾情景构建实施指南》，开展包括破坏性地震、特大洪涝灾害、燃气多门站停气事件等 10 个领域的情景构建工作，取得了突出的成绩。在充分借鉴北京等先进地区的成功经验基础上，可在全国各地区积极推进对地区重大风险的情景模拟构建，以情景分析—任务梳理—能力评估的框架实现理论与实践衔接，经验与教训集成，预防与准备发展，行为与方法统一。

一是开展地区重大风险情景分析。情景模拟构建作为一种系统性的风险分析工具不同于传统的典型案例研究，包括对突发事件演化规律研究、重大突发事件灾难后果分析以及巨灾情景展现，是在科学总结灾害事故规律并结合地区客观实际的基础上，对具象化风险事件的全过程、全方位、全景式描述。情景分析的重点应围绕各地区实际，立足于本地区巨灾风险，以地区可能发生的重大灾害性事件作为风险主题，开展情景构建，研究走向最坏局面的路径规律。要组织相关业

❶ 王永明：《如何对重大风险事件开展情景构建》，《学习时报》2019 年 3 月 4 日第 5 版。

务部门和专家学者研究本区域内可能出现的最坏风险情况，地区的重大风险情景分析应在充分预估本地区致灾因子的基础上结合区域自然地理环境、经济社会发展状况、应急管理能力等主客观条件做好巨灾、行业重大突发事件、重大活动风险三大类情景模拟构建，如破坏性地震、农作物洪涝干旱大灾、大范围暴雪冰冻天气、水源严重污染事件、大面积停电事件、大规模网络信息安全事件、不明原因重大传染病疫情等，研究最坏的可能性，梳理风险衍生、耦合的路径，从庞杂的多点信息中总结风险走向的驱动因素，寻找小风险演化成大风险、简单风险演化成复杂风险、局部风险演化成全局风险的关键变量。通过对本地区应急力量、资源等进行充分研究，构建特征事件，用故事化的手法根据突发事件的演化升级规律详实描述出在当前公共安全治理能力和条件下的最坏可信情景。

二是开展风险事件中的任务梳理。情景模拟构建要链接决策层、指挥层、实施层、参与层，既要对突发事件划分情景响应阶段、对应对主体形成情景任务列表，又要实现纵向层面的交互沟通。基于可能发生的重大突发事件，依据应急管理相关法律法规和本地区或行业应急预案，通过对危机情景的分析梳理出相关任务清单，明确识别及时阻断这些重大风险传播所涉及的任务步骤、程序、人员，并充分运用风险感知及转化的洞察力，通过研究预设事件的演化趋势、关联规律、关键变量、风险驱动因素等对任务的重要性和紧急性进行排序。做好对重大风险的识别、干预、影响的分析和模拟既要从衍生机理入手尽快识别确定事态发展趋势的关键影响因素和变量，精准发力、靶向解决，及时阻断风险的传播扩散，力争控制事件的发展势态；又要坚持底线思维，按照最复杂和严峻的情况做好准备，在形势发生变化时，不犹豫、不观望，快速出手，尽最大可能降低损失。

三是做好能力评估。针对任务清单分析任务所需能力、评估既有能力。首先评估基于既有公共安全治理能力如何更有效地应对灾害场景，按照本地区实际情况并结合关键变量，设计合理的发展趋势和环境，以事件为视角，通过情景模拟构建检测地区或部门既有的政策、预案、措施、操作程序等的合理性。各地区可通过情景模拟演练发现问题，从而对当前的应急政策和程序进行动态化修正，并提出在现有能力水平下处置相关事件的最优化策略。同时要分析从长期视角如何弥补既有能力与目标能力的差距。通过对模拟运作所遭遇的具体问题和挑战进行分析和总结，进一步明确任务、厘清责任、优化流程，在严峻的风险和现有的应急规划与程序间寻找战略平衡点。在情景构建的过程中，能够直观地展示风险的传导、扩散、演化的链条，以及其中的关联和升级规律，从而使相关职能部门和人员能够提升风险感知力与风险转化的洞察力，进而提升应急管理的能力和水平，提高风险源头治理的效率。

四要重视风险沟通。在重大安全风险情景模拟流程中，要进行专门的沟通情境设定，在当前的应急活动中，风险沟通的及时、准确和全面性仍需进一步提升，信息传播的阻隔和信息传导的失效是经常出现的问题，政府、社会组织、公众、媒体等不同利益相关者之间缺少良好的载体。情景构建为打破信息阻隔、建立多向信息交流机制、整合和共享信息资源提供了可能。在情景构建中，可以通过对已发生的典型事件提炼要素并结合本地区客观情况设计的模拟事件进行应急，全流程的分析并科学评估最坏的走向以及其可能造成的次生衍生灾害、人员伤亡、物理破坏、公共服务影响、经济损失、社会稳定威胁和环境变化等，据此推测分析可能产生的舆情问题和沟通风险，并且在情景模拟流程中不断调整改进。在应急行动的各个环节和阶段，做好信息共享和沟通，同时要适应全媒体时代的发展变化，突出公众在风险沟通中的作用，通过充分的交流沟通，使公众能够从个体角度防范风险，从监督的视角规避风险，实现多方参与的共治共享的扁平化风险沟通模式。

## 第七节　利用信息技术监测和消除潜在的风险

信息技术是存在于数据和信息创建、存储、处理过程中，用以捕获、传输和显示的技术手段。在安全治理实践过程中，信息获取能力不足、信息沟通不畅、信息精准度不够等信息资源问题是掣肘应急风险识别、精准决策、应急沟通和组织完善的关键因素之一。随着信息技术的飞速、蓬勃发展，无线传感器、物联网、5G 移动网、人工智能、云计算平台等在应急管理中的应用日趋普遍，有效推动了应急管理能力的提升。当前要在高度关注信息技术产生的信息数据安全问题的基础上，积极推动运用信息化、智能化的手段进行技术优化，实现突发事件网络监测、风险预警、信息收集与报告，实现本地区公共安全治理的人防、物防、技防、智防相结合，做到精准识别、科学防范。

## 一、推进应急管理中的信息技术创新

长期以来，信息资源制约着地区应急管理效率的提升，随着数字化和智能化的推进，应急管理在不断健全和完善自身体制机制以适应复杂形势下风险挑战的同时，也需要加强技术赋能，有效运用信息技术突破治理过程中的技术桎梏，改善和创新安全工具，推动地区应急管理的精准化、科学化。

一要创新信息化技术在应急管理中的应用场景。突发事件的复杂性发展为各种新技术的应用提供了更多的场景，目前我国大部分地区在技术应用方面还比较欠缺，需要进一步加强同相关前沿技术的科研院所和企业等实现多层次合作，通过购买、联合开发等形式不断更新和完善在风险识别、预警、监测等方面的高新技术产品，提高应急工作的信息化、智能化水平。同时在安全风险识别及防控信息化产品的开发上提高使用的便捷性，确保基层应急工作人员和居民可以方便使用，并可通过二次开发、系统接入等方式在不同类型突发事件中继续使用，支撑拓展基层公共安全风险日常治理和服务功能。通过充分利用云计算、大数据等技术手段，进行数据提取与挖掘，做好安全隐患排查工作，还可根据风险管理工作实际需要，形成互联互通的信息报送组织体系，助力各应急部门精准施策。

二要整合现有技术平台。在突发公共事件中，信息技术未对风险识别与预警工作实现有效支撑作用的主要原因，除了平时信息化建设不足外，更重要的是各信息平台缺乏有效衔接，信息资源共享不充分。因此，应急管理信息化平台原则上应在区（县）及以上层面集中部署，并优先依托已经运行的政务或公共服务平台，同卫生、公安、民政技术平台以及基础电信、交通运输等相关企业平台强化沟通，做好衔接工作。最终实现对内共享，避免多头采集与管理，对外共享，助力政府精准决策。

## 二、健全应急管理中的数据安全管理制度，规范数据安全保护工作

信息技术在应急管理中的应用可以最大程度缓解应急过程中的信息源单一和信息不畅，对应急管理的全流程起到重要的推动作用，“互联网+应急”“智慧应急”对提升应急管理能力发挥了重要作用。但同时，数据的大量采集与应用也对数据安全的保护提出了迫切的需求，各地在积极推进信息技术应用的同时必须着力规范数据安全保护工作。

### （一）做好个人信息保护，构建数据分类分级保护制度

在突发公共事件特别是重大突发公共卫生事件中，通常需要有效利用居民信息，因此必须要做好个人隐私保护。信息化产品及服务在开发和应用过程中，如需收集居民个人信息，必须取得居民同意，确保收集的个人信息仅用于应急管理。在与其他平台对接共享过程中，要通过各种技术手段保障居民信息共享仅在最必要的范围进行，并且在进行信息发布时只能适度公开相关脱敏信息。此外，还要强化基层信息收集工作人员的保密意识，从源头把控，避免个人信息泄露。因此过程中，做好数据分类分级十分必要。

数据分类分级是数据安全管理工作展开的基础，也能够在合理合法的范围内发挥数据价值。2021 年审议通过并实施的《中华人民共和国数据安全法》（以下简称《数据安全法》）第二十一条从监管机构的角度提出依据数据的重要程度以及泄露的危害程度分类分级，而从应用的角度，各相关部门亦以行业实践为主导，形成了分类分级体系对数据活动进行规范。[1]两者互相补充、相互配合，但均未对数据分类分级给出明确标准，需在地方数据安全立法中进行明确、细化。因此，

[1] 《中华人民共和国数据安全法》2021 年 6 月 10 日，第十三届全国人民代表大会常务委员会第二十九次会议通过，自 2021 年 9 月 1 日起施行。

应遵循《网络安全法（草案）》中按照数据“重要程度”和“危害程度”分类分级的导向原则，依照信息内容对数据实行分类，即将数据划分为敏感数据、一般数据和重要数据。在分级方面，可在完成分类的基础上，根据不同类型数据安全事件可能会产生危害后果的严重性为数据定级，针对不同级别的数据实行不同的安全管理制度及保障措施。

**（二）建立重要数据保护目录制度，确保应用合法合规**

重要数据保护目录制度是落实数据分类分级保护的重要举措，《数据安全法》第二十一条提出将重要数据保护目录的制定权下放至地方与部门。同时也体现了“把有限的执法资源使用在对重要数据的保护上”的思路，有利于与《网络安全法》和《个人信息保护法》等法律有效衔接。《个人信息和重要数据出境安全评估办法》《数据出境安全评估指南》等文件通过列举的方式把电力、通信、电子信息等27种数据类型纳入重点数据保护范围中。基于此，可将“数据宏观安全”和“数据自主可控”作为识别“重要数据”的基本标准，结合各部门、各行业的主要业务范围和特点，列举核心数据类型，制定重要数据保护目录，着重突出重要数据的适用性、异质性、有效性。需要注意的是，出于法律适用的目的，重要数据保护目录的制定既要避免重要数据范围划定过于狭窄，无法起到数据分类分级管理的目标，也要避免过于宽泛，影响数据要素流动，还要针对数字技术应用的创新情况和数据安全威胁的新趋势，及时对目录进行更新、调整。

**（三）做好数据安全监测预警，保障信息技术应用稳定运行**

提高数据安全风险管理的水平，最终落实到决策和行动中，对提升数据安全防护能力是非常必要的。《数据安全法》《网络安全法》及其配套法规和标准亦有明确规定政府、公安机关、各行业主管部门、各安全责任单位应共同完成数据风险管理工作。建立统一的数据安全监测通报平台，负责数据安全风险信息的收集汇总、风险评估和预警通报工作，并由公安机关负责其日常维护管理，监督各安全责任人和安全责任单位做好安全防范工作，实现对数据安全风险的全天候实时动态监测；行业主管部门负责督促、指导本行业本领域数据安全风险的监测、评估和预警工作；各安全责任单位负责监测本单位的数据安全情况，并及时向外发布预警信息；网络运营者亦有义务辅助对其服务提供对象加强数据安全管理工作。

**（四）强化数据安全应急处置**

随着数据安全事件“无法避免”这一观点被业界普遍接受，构建数据安全应急处置机制、防止数据安全事件影响扩大就显得愈发重要。要依照法律、行政法规的规定和国家标准的强制性要求，构建应急管理数字化、信息化安全制度，技术、人才防护体系，编制网络安全应急预案。《数据安全法》第二十三条对数据安全事件的启动预案、采取措施和信息发布作出明确规定，并提出由国家层面建立应急处置机制。地方层面数据安全工作则应更强调落实数据安全责任主体的具体责任义务。如，要求各数据安全责任单位包括各级政府、行业主管部门、集中式数据存储中心、网络运营者等制定应急预案，其中，集中式数据存储中心、网络运营者等单位的应急预案还应向行业主管部门和公安机关报备，接受监督管理。当满足应急处置措施的触发条件时，安全责任单位应立即启动应急预案，并及时向主管部门和公安机关通报。同时，要格外重视对演练和预案动态管理、补充修改的相关规定。

**（五）构建公共安全数据安全监管体系，落实数据安全工作管理职责**

构建完善的公共安全数据安全监管体系是保证数据安全监管效果的关键。对于数据安全监管体系的建设，《数据安全法》《网络安全法》采取了相同的思路，《数据安全法》第五条、《网络安全法》第八条均明确规定中央国家安全领导机构或国家网信部门的统筹协调职责以及地区和部门的主体责任，网信部门负责统筹协调和监管，行业主管部门负责本行业的数据安全监管职责，公安机关、国家安全机关负责各自职责范围内的数据安全监管工作。对于公共安全活动中数据安全的管理应采取“一个顶点、多维度配合、分级管理，分工负责”的架构模式。“一个顶点”指由地方人民政府总体负责数据安全工作，根据数据安全情况进行整体决策和战略规划；“多维度配合”是指应急部门、网信部门、公安部门、国安部门及工业、电信、金融等行业主管部门共同构成全覆盖、全方位的监管体系；“分级管理”是指除地方人民政府总体负责数据安全保障工作外，市、州和县级人民政府也要分别负责本行政区域内数据安全监管工作；“分工负责”是指各地区、各部门、各行业要分工明确、各司其职地负责本领域和本行业的数据安全监管工作。最终形成由地方人民政府统领，各行政部门依职权负责，行业监管单位辅助的监管体系。此外，由于数据活动中的地域性、行业性愈发模糊，跨行业、跨领域的数据安全事件频发，还须建立健全数据安全监管不同主体间的协同治理机制，或设置统一的数据活动监管机构、建立统一的数据安全监管平台统筹协调数据安全事件处置，杜绝监管过程出现职能交叉、模糊与空白地带等问题。

## 第八节　强化应急管理部门与地方媒体的深度合作

社会重大突发事件具有不可预知性和广泛的社会影响，伴随着互联网的快速发展，第一时间涌现的大量的爆炸式信息真伪难辨，部分公众也不具备形成理性共识的时间条件以及对信息真伪进行准确判断的能力，使一些造谣传谣、攻击抹黑等信息在网络平台蔓延传播，同时人们在危急时刻的忧虑和恐慌情绪也容易相互感染，进而形成集体无意识状态，造成舆情一点爆发到多点爆发，甚至可能扩大到形成社会化的舆情。因此，必须通过积极加强地方媒体与公共安全部门的战略合作，强化媒体的主动作为，有效引导社会舆论，在突发事件中维护社会稳定和公众理性。

### 一、发挥主流媒体主渠道主阵地作用，树立政府信息传播的权威性

重大突发公共事件具有时效性强、关注度高、辐射范围广、社会反应强烈等特点，对突发事件的信息传播以及由此产生的舆论拟态环境，深刻影响社会公共秩序和民众的安全感，这一时期的信息传播十分必要和关键，占据舆论的主动权，

就能够有效凝聚社会共识。在当前全媒体时代，重大突发事件的舆论场十分复杂，容易成为虚假信息、谣言等负面舆情的传播温床。这就需要主流媒体秉承及时、公开、透明的原则，凝心聚力、强化显政，用权威的信息发布有效清除负面舆情，引导舆论。

一要多层次、高密度发布权威信息。重大突发公共事件影响范围大且走向多变，对安全和稳定造成威胁和破坏，其严重的伤亡、损失和扰动会极大降低公众的安全感，迫切需要获取事态发展的相关信息。在人人都有麦克风的全媒体时代，突发公共事件作为公众关注的焦点，在事件爆发之时，舆论场便会充斥各方声音，形成真假难辨、鱼龙混杂的爆炸式传播和扩散。主流媒体必须占据权威性和及时性的优势，传达政令，占据舆论主动。各级主流媒体要充分利用政策优势抵御社会化媒体的冲击，在突发事件中以最快的速度、最精准可信的内容突出自身的主流价值，告知群众党和政府在做什么，既要保障公众的知情权，又要通过内容、方式和平台提高吸引力和影响力。主流媒体要通过对应急处置全过程的追踪，把握突发事件应对工作的阶段性重点，抓住主要矛盾并据此设置议题，引导公众将关注的重心放到此阶段政府工作的着力点上，既保障信息的客观、真实、准确，又能够引领社会舆论走向。以报道的准确性、丰富性、时宜性抢占舆论引导的先机，根据突发事件信息的性质和类型选择适宜的发布时机和频率，用强大的权威信息流增强公众黏性，成为群众在突发事件中愿意选择的第一信息源。

二要积极承担社会责任。各级主流媒体必须坚持做好舆论监督，真正做到以人民为中心，用好自身的主流地位与专业性资源，一方面在突发事件中为民众的合理诉求发声，另一方面要坚持正确的舆论导向，严把政治关、法律关，对于谣言、煽动性信息、极端化言论敢于发声批评，能够及时粉碎谣言、澄清事实，最大限度消弭负面舆情，防止焦虑情绪延伸，恢复网络空间理性。用权威声音正面回应质疑，针对虚假信息针锋相对、直击痛点，防止虚假舆情发酵扩散。

三要在客观真实发布突发事件信息的同时彰显人文关怀。重大突发公共事件因其紧迫和未知，给公众心理造成紧张与恐惧等负面影响，在全媒体传播的时代，集体化的情感共鸣与共振场域又容易放大群体的恐慌和焦虑。在此情况下，主流媒体不但要承担权威信息发布的职责，同时也需进行软性的情绪引导，既满足突发事件中的信息渴求，又能满足灾害中的情绪和心理需求，在重大灾害事件中做好社会情绪的“减压阀”和“安抚者”。要始终以积极的报道视角展现大灾大难中的情怀力量和人性温度，凝聚起公众在灾害事故面前团结一心、同舟共济的精神和力量。同时，要把重大突发事件的报道重心放在应急救援的一线和普通群众，避免过度政治化和刻意正面宣传，用人性化的报道稳定社会情绪，增强主流媒体的公信力和影响力。

四要多媒体渠道有机联动，构建立体化传播矩阵。全媒体时代，公众获取信息的媒介渠道更加丰富，主流媒体要占据舆论引导的优势，就需要多渠道互通、提高传播效率，整合传统媒体和新媒体渠道，多平台、全方位传播突发事件信息，构建权威、巨大、透明的信息流，以更丰富的表达、更高覆盖的传播矩阵提高主流声音到达率。

## 二、协同培养提升群众媒介素养，形成理性客观的舆论氛围

当前，媒介及其承载的信息已经渗透到社会生活的方方面面，对于社会价值观、群体心理、行为驱动等方面发挥了重要的影响，特别是在突发公共事件当中发挥着重要的先导作用。这就要求网络信息时代的社会公众需要具备基本的媒介素养和能力，既能够从媒介中及时获取大量内容，又能够对信息真伪进行初步甄别，同时可以不被信息中蕴含的情绪所裹挟。但当前囿于年龄、受教育程度、信息获取习惯的限制，以及媒介形式和技术突飞猛进的更迭，社会公众整体的媒介素养不高。虽然大众乐于接受新媒体形式，网络普及率快速提升，但对于新媒体信息的真伪辨别能力较低，对新媒体的负面影响缺乏敏锐的知觉。这也导致突发公共事件中谣言广泛传播、群体极化等现象时有发生。因此，应急部门与地方媒体要从以下方面多点发力。

一是引导群众正确认识网络舆情的特点、增强自律意识。可以以街道或社区

为单位开设面向社会公众的网络媒介素养课程，培训对象以新媒体素养相对较差的中老年人、下岗失业人群、外来务工人群为主，通过对新媒体基础知识、传播方式、负面影响等媒介基础知识的培训，使这些群体树立正确的媒介意识、形成良好的习惯、具备基本的网络谣言和虚假信息辨别能力。同时也要通过广泛的社会宣传，做好群众心理建设，培养理性平和的心态。

二是引导人民群众知法懂法守法，强化自我约束和行为规范，依法行事。地方媒体要根据本地经济社会发展和居民实际情况，充分运用当前立体化、全方位的宣传平台和资源，进行宣传和普法教育。在内容设计上，主要以突发事件中典型的网络失范行为以及后续的责任追究案例为主，以公众乐于接受和理解的分析方式进行深入浅出的宣传，扩大在公众中的影响力。同时结合基层群众的阅听偏好，灵活运用电子报刊、信息推送、短视频等方式下沉到社会公众中，实现全面覆盖，使公众潜移默化地接受其中的法治观念。另外需要着力打造有影响力的普法新媒体，引导公众在突发公共事件中强化法律意识，做好正确的价值选择。

三是培养群众的社会责任感。突发事件中的各种舆情问题的形成主要包含两个层面，一是网络群体的媒介素养不足，容易被负面信息和情绪所蒙蔽和裹挟，二是部分网民的网络道德和自律意识欠缺。当前要注重加强对民众特别是青年的媒介素养教育和思想政治教育，通过知识培训、案例分析结合实践分析，了解当前国际形势和舆论场竞争、突发事件舆论的重要影响等，培养青年群体的爱国主义精神、社会责任意识和法律意识，特别要注重培育积极向上的青年意见领袖，以优秀青年的引导作用凝聚共识，以理性的青年群体带动舆情信息的传播节奏，做网络舆情的理性参与者。为做好突发事件应急处置和实现网络舆情的平稳理性提供强大的舆论动力。

### 三、积极利用媒体的先进技术，协同做好突发事件舆情监测

在突发公共事件中，要实时关注网络舆情走势、公众情绪、利益诉求，及时

发现舆情危机，防止出现次生舆情。因此，要充分利用媒体的大数据、人工智能等对突发事件舆情数据全方位、动态化监测。

一要不断完善提升监测技术。突发公共事件的舆情监测需要做到信息采集的全面覆盖，为后续舆情的研判和引导策略提供可靠的信息支持。因此要不断完善升级媒体信源数据库、网络爬虫信息采集、服务器多点部署等，扩大信息采集的范围。在当前的媒介传播中，较多采用图片、语言符号、视频等，需提高分词、语义识别技术等，对舆情信息进行更迅速、准确的信息检测和判断。因此应急管理部门应同地方媒体在舆情监测技术和舆情分析方面加深合作，利用地方媒体的先进技术协助做好突发事件的舆情监测工作。如吉林日报的“吉林云媒——全网大数据舆情监控系统”是全新的舆情采集监控系统，可以实现自动化、自主化的全天候舆情监测服务，可以运用大数据技术为全省各级政府机关和企事业单位采集舆情信息、追踪舆论热点，通过覆盖全网综合性论坛、微博微信公众号等自媒体账号，政务、新闻、商业、门户等各类网站，短视频平台，数字报和电子报，以及部分外媒（境外网站）等，实时监测突发事件网络舆情，并且可以根据发展实时更新数据不断增补系统数据来源[❶]。特别是当前，信息传播进入到数字化和可视化时代，短视频等新形态的传播产品广泛覆盖下沉市场，草根化、大众化的传播形式催生了各种异化表达，谐音字、异形字、颜文字、表情、图片等导致了网络监测的识别障碍，亟须精准识别技术，建议采取专项监看、风险预警等方式全面清理阻断突发事件中的有害信息，重点打击影响民众心理、危害民众利益的不良信息、虚假报道，实现突发事件舆情的平稳回落，净化网络生态环境。

二要提高突发事件舆情分析的深度和实用性。突发公共事件的舆情监管亟须培养一批既能够运用技术手段准确监测，又能合理进行舆情分析研判、科学推断舆情发展态势的复合型网络舆情监测人才。在对舆情信息进行科学的数据分析的同时也要了解媒介传播规律和网络群体的生态及行为方式，而且能结合突发事件

---

❶ 《吉林日报云媒舆情——全网大数据信息监控系统昨日正式上线》，吉林日报公众号 2020年10月17日。

的发展态势和应急处置阶段进行综合研判。当前网络媒体的普及和发展还增加了有效掌握真实民意的难度，在突发公共事件中要保持舆情的平稳、避免非理性的群体情绪和行为，就需要及时通过网络舆情监测精准把握社情民意，然而网络民意并非真实民意的完整表达，可能是片面的、激进的、以偏概全的，要通过分析研判加以辨析，去伪存真。这一是因为过多掺杂各种恐慌、狂热、盲目等负面情绪化的语言表达而难以反映真实舆情；二是相当一部分利益相关者群体和其他公众基于主客观方面的原因没有通过网络媒介平台表达意见，反而部分网络意见领袖基于自身的立场和判断进行强势的观点输出，形成沉默螺旋效应，此时的网络民意就可能与真实民意相左；三是在互联网环境里容易形成信息茧房和群体极化，个体的情绪和观点容易被群体所影响而失去理性化的判断；四是在突发公共事件中，也要警惕网络推手的蛊惑胁迫、恶意炒作、煽动民意，故意制造虚假民意影响真实民意。这就要求应急管理部门、网信部门应同地方媒体深入合作，完善舆情分析的业务链条，在专业性和人才队伍上实现优势互补，提升突发公共事件舆情分析预警的能力。

## 第九节　促进区域应急协调联动

《韩非子·说林上》有言："失火而取水于海，海水虽多，火必不灭矣，远水不救近火也。"随着我国区域一体化进程不断加快，当前我国突发公共事件的发生地点往往会超过一个行政辖区的范畴，其次生或衍生灾害经常造成区域性破坏，区域性突发公共事件风险日益凸显，充分体现出区域应急协调联动的重要性。应急管理中的跨区域协同主要指横向府际协同。区域的协调联动有助于在风险跨界化、跨域化、复杂化背景下构建区域化治理体系，形成应急救灾的合力。

目前我国应急跨区域协同的实践主要为两种形态：一是相邻地区因一体化战略的推进，人口、物资、信息的紧密交流形成安全共同体，跨区域应急协同是统筹区域安全与发展的主动探索。二是在发生地方政府难以应对的巨灾之时，其他地区在应急处置或灾后恢复中协助进行对口支援。其中因一体化战略形成的应急协同均来自地理间距较小的地区，有利于区域应急管理资源共享。[1]近年来，我国逐步开始积极探索区域应急协调联动的政策与实践，2008 年广东与香港签署《粤港应急管理合作协议》，2009 年，广东泛珠三角地区九省（区）签署《泛珠三角区域内地九省（区）应急管理合作协议》，之后京津冀、长三角等区域也陆续启动了形式有别、重点各异的应急跨区域协同的探索。应急区域协调联动打破了一个行政区域内应急能力与资源的限制，对推动区域内安全合作、加强沟通与协调、有效利用资源优势互补起到积极的作用。当前我国大部分地区在省域内应急协调联动方面开展了积极有益的实践，但在现阶段，还应该积极探索在跨界突发事件中的应急协调联动，与相邻省份开展应急合作，在突发事件预警通报、信息资源共享、环境联防联治、重大活动安保合作等方面深入交流，探索里应外合的联合应急。

## 一、确立区域应急管理协作制度

### （一）制定应急联席会议机制和合作交流机制，形成组织间的协作关系

一要明确区域内相关机构职责，从制度层面明晰各地方政府在协作中的职责，通过政府间签订合作协议，并在此框架下形成系列契约性文件，突破地域间的壁垒，逐渐形成地理毗邻的应急联动机制，既降低合作的时间成本，又避免局部灾害的扩散、放大。在协作中可按照四大类突发事件分类，依据各地各部门应急预案，从综合性角度推动横向同行政层次的应急协同，依据不同的事件类型明确各地区各部门的职责，从整体统筹规划的角度设计专门针对跨区域协同应急的制度规范。包括信息沟通和共享制度、装备与资源共用制度、轮值制度、会商制度、统一培训制度、跨区域应急物资及资金支援的补偿制度等，并在毗邻区域分等级下设小片区域，明确职责和法律地位，确认第一响应人。在跨区域的重大突发事

---

[1] 张海波：《应急管理中的跨区域协同》，《南京大学学报》2021 年第 1 期。

件中，按照制度和流程规范各区域可以迅速沟通和互享信息资源，从小片区域到大片区域分级确认灾害波及范围和破坏程度，共同会商灾情、展开联合行动、统筹调拨应急物资等，以明晰的职责分工和完善的制度保障为区域应急协同奠定良好的基础。

二要设置常态化时期的区域应急协调组织管理机构，负责在跨区域重大突发事件中快速启动应急联动流程，进行信息收集、跟踪与传递，并在突发事件处置完成之后对区域应急合作情况进行分析、总结、反思，推动应急合作常态化、制度化。以权威的组织协调推进跨区域协同的速度和力度。

**（二）基于复合突发事件应急联动的启动逻辑编制相关预案**

协作地区的应急管理部门可以对冰雪灾害、水污染、环境、卫生等区域性公共安全问题形成联防联动的流程及标准并联合修订应急预案。

一是根据地区实际情况考虑可能需要区域合作的风险类型。通过对毗邻区域的自然地理情况和关键基础设施联结情况进行分析，并参考地区历史典型灾害案例，综合考虑风险的扩散性和流动性，筛选出可能演化成为区域性灾害的风险源，按照毗邻区域客观情况，分级制定符合地区实际的、有针对性的区域应急协调预案。

二是应急预案的制定既要充分听取专家学者的专业化建议，也要下沉基层，了解发展建设、管理运行、公共服务等行业在基层实际公共安全工作中遭遇的困难和问题，在地理毗邻地区，人员的流动、基础设施的联结、局部的微小扰动如何扩散为区域化的影响等，这些实践经验是应急预案编制的可靠来源。专业性、规范性、统筹性、实践性相结合，可以保障应急预案覆盖全局且具备可操作性。

三是对相关预案实行动态管理、制定修订周期。定期检视应急预案内外部的影响因素变化，所涉区域范围内的客观环境是否出现新的风险源等。并定期举行多种形式的应急模拟演练如桌面推演、案例分析、联合演习等，运用德尔菲法、头脑风暴法等检验应急预案的合理性和可操作性。

### （三）落实配套机制，提升区域应急协作效率和效果

一是完善沟通和利益表达机制。区域应急在协同合作的过程中涉及不同的小片区域和职能部门，在协作中，地位和话语权与级别和权威性直接相关，而弱势部门很可能处在应急行动的前线位置，如缺乏沟通渠道和利益表达渠道可能导致其在区域应急协作过程中热情不足，因此需要完善的机制保障各部门的平等的主体地位，形成协作的统一性和协调性，同时通过联席会议、联合演练等方式，构建信息共享、优势互补、会商灾情的模式。

二是落实监督问责机制。设立具有明确职责和任务导向的公共安全责任监督组，监督区域应急协同相关的应急准备和应急处置全过程，监督组要保持权威性和独立性，对相关的应急资金管理、预算决算、物资调配等开展核实和核查，核查结果和应急处置过程在可公开的范围内，依法依规向社会公开，并利用新媒体平台让公众参与监督和信息共享。在监督过程中发现问题，要以查促改、以改促变，以公正透明的监督机制促进区域应急协同模式的高质量推进。

三要构建跨区域资源调度机制，形成有效的求助救援衔接机制。要加强区域的数据整合与资源共享，运用大数据技术对地区应急资源进行梳理评估，结合各地区多发事故类型等客观实际建立数据库，统计区域人财物力资源和主要应急任务，并据此制定资源调配及协同行动的开展方案，降低合作成本，从而在重大突发事件中强化区域协调联动中组织协作关系。

## 二、提升区域政府间的合作意识、建构协同文化

### （一）提高政府间的合作意识

通过制度建设和文化建设，提升区域政府间合作的内生动力。一是在区域应急行动的协同配合中解决观念瓶颈。明晰区域间以及区域各部门间在经济社会发展条件、与突发事件的相关程度、应急能力、职能等方面的差异性，突破体制性障碍，根据地区和部门在突发事件中的行动情况，合理分工授权。打破地方主义和部门主义的观念限制，以保障区域公共安全为最终目标，设置组织和资源配置

架构，以优势互补、密切合作的心理共识摆脱集体行动的困境。

二是在共同目标的主导下确定区域间各相关部门的目标。在区域公共安全治理的共同目标基础上，各区域、各部门需要层层分解、确定具体目标，以明确任务、厘清责任。综合协调部门需对所涉地区风险源、应急队伍、人员和物资储备、应急避难场所等信息和情况汇总掌握，以同意筹划和调配；各协调单位和其他相关职能部门要根据分解目标和自身职责确定阶段目标，防止“搭便车”行为；同时，在不同区域和部门的应急协作中要特别注重信息的准确传达，避免受到干扰影响应急共同目标的达成，各地区各部门要从理念上形成共同合作的意识，建立开放敏捷的信息体系，使信息在不同层级、区域、部门的传递中保持真实性和时效性，以自愿的无等级协调形成区域应急管理的整体凝聚力。

### （二）提升区域间协调的配合度和信任度

一要加强区域间的互动和沟通。从系统思维出发加强地区间、部门间的交流互动，从公共安全治理的全流程、全阶段入手，通过召开联席会议、联合应急演练、联合培训等，分享经验、提升默契、增进信任，形成命运安全共同体的意识，打破区域、部门间官僚主义的壁垒。特别要注重鼓励基层部门针对突发事件的交叉领域开展合作和交流，以部门间合作带动上级政府间合作。

二要为政府间的信任构筑良好的社会环境。地方政府间的横向关系较为复杂，需要制定制度化网络以解决体制性和意识上的矛盾，如制定公平合理的应急协作中的分配和补偿机制，保障跨区域救援的有效补偿，消减应急协作的后顾之忧；构建包括政府、专家学者、媒体、公众等在内的监督网络，对协作区域的职能部门及成员在协作中的纪律性、主观能动性等进行有效的监督和约束，抑制消极敷衍履职行为。

## 三、提升区域间政府应急协同的能力

### （一）强化区域间的协调沟通能力

一是构建区域应急信息共享机制。应急信息的及时性、完整性、准确性能够使应急资源配置达到最优化，区域不同层级政府要及时实现横向数据整合与信息资源共享，使相关部门、专业机构、监测网点的信息系统互联互通，并通过创新应急管理工具、构建信息共享平台、定时定期召开应急信息交流会等方式不断提升信息共享的效率和意识。

二是实现政府信息资源的标准化、统一化，以便于信息资源的共享和流动。各地参与应急协同的不同层级政府间需要统一信息共享标准格式，避免出现因术语不统一、标准不一致导致的信息耗损以及信息提取、分析、处理所耗费的巨大时间成本，提升应急管理工作的效率；运用新技术实现区域应急信息的立体化、分类化、综合化管理，构建各地整体以及毗邻片区、小片区间的应急救援队伍、应急基础设施、应急装备与资源、专家人才队伍等信息数据库，有效实现各地区域间的共建共享、互利共赢。

**（二）提高区域间的应急指挥和决策能力**

要提升相关领导干部在区域间应急协作中的行政领导能力。一要能够在情况不明、时间紧迫的条件下保障应急决策的时效性和准确性，符合客观规律和科学精神。在充分了解掌握协作区域内应急队伍、物资储备等信息基础上，合理分工授权、坚持比例原则，充分发挥区域应急专家库的作用，以清晰的思路指挥应急工作。二要做好全阶段、全过程的对内沟通和对外沟通。对内沟通即参与公共安全相关行动主体间的纵向和横向沟通，在纵向沟通中要多倾听安全工作前沿、前线的基层部门的意见、建议、困难和需求，以保障决策的科学合理；在横向沟通中要在同层级各职能部门间携手共建密切配合的沟通机制，避免因部门主义和本位主义破坏应急协作的整体秩序。对外沟通中需要有技巧、科学合理地对外发布真实信息，避免因信息不对称而产生的猜忌、恐慌等负面情绪，同时要畅通媒体、公众监督的信息渠道，发挥其独特而重要的作用；三要勇于承担责任，在公共安全治理全过程中，在符合客观规律和科学精神的基础上，敢于决策、以主动担责的形象获得公众信任。

## 第十节 培育应急产业市场

在风险挑战前所未有的新时期，对于应急设备与技术的需求是巨大且刚性的。应急产业是将新兴技术注入到传统产业当中，与工业、制造业、信息产业等广泛融合形成战略产业链，为国民经济和社会发展提供必备的防灾减灾物资保障和技术支撑的产业。为适应当前公共安全形势和突发事件防控的需求，应急产业发展空间和市场容量不断扩大。

据有关媒体报道，国外发达国家应急产业产值占 GDP 的 8%以上，我国应急产业刚刚起步，属于朝阳产业，是下一个万亿元风口产业。消防、安全防范、防汛抗旱、反恐等领域应急产品与服务的大额购买行为、专业救援与培训人员的就业市场以及应急产业相关医疗救助、灾害保险、基础设施建设等，可以形成庞大的市场及产业链条。因此应急产业的培育对我国转换新动能、促进产业转型升级、激发经济活力意义重大。当前应急产业在我国的发展虽然处于探索阶段，但存在自身的发展优势和潜能，因此要做好总体路径规划，以安全防范产业、消防产品产业、巨灾保险产业、应急教育培训产业为主要发展方向，从政策扶持、具体推动、人才培养等多方面、全方位发力，形成以政府为主导、企业为主体、社会积极参与、市场充分运作的产业体系。

### 一、强化应急产业发展的政策引导和支持

一是强化应急产业布局的政策引导。应急产品是快速有效处置突发事件的重要物质基础，应急产业涉及现场运行保障、应急救援处置、医疗救治防疫、临时生活安置、煤电油气要素供给、灾后恢复重建等多个方面，领域广、行业多、产业链长，应急产品具有需时峰值大、时效性强和择优使用等属性，技术、产品和服务的复合型特征，致使发展应急产业是一项长期性、复杂性和艰巨性的任务。各地需要在国家相关部门出台的产业发展意见的基础上，制定符合本地区实际的

应急产业发展规划，参照地区灾害类型和事故特点，从宏观政策层面统筹规划、加强产业政策引导。打造以区域为主的系统化应急产业生产基地和储备基地，优化产业布局，形成上下游的产业链，科学设置应急产业的研发、生产、储备，对应急产业的产品种类、储备数量进行科学引导和调控，保障灾害事故中对关键物资的时间需要、峰值需求或特殊需要。

二是强化应急产业发展的政策支持。按照各类专项资金管理办法规定，对符合专项资金扶持条件的应急产业项目，给予重点支持。加大财政支持力度，支持安全产业示范园区启动与建设、安全生产重大技术装备、自主创新关键技术产业化等方面项目建设。按照本地区地震、冰冻、危化品等典型灾害事故中的产品需求以及重大疫情、生命线系统抢修、生活保障等特殊重要的产品需求对物资装备进行定点采购储备和更新，激励相关企业合理扩大生产规模。

## 二、为应急产业发展构建良好空间

### （一）强化政府主导，依托大型国企、解决中小企业发展困境

地区政府应主导解决应急产业形成、发育、演化中的产业结构不平衡问题，依托原有工业的基础优势，引导大型国有企业进行技术密集型、高风险型应急产业的发展，按照“龙头企业—重大项目—产业配套—产业园区”的发展模式，从企业规模、技术水平、服务能力、辐射范围和影响力等指标入手，支持企业做大做强。以重点产业、重点园区、重点企业为依托，引导地域范围内的社会资源向骨干龙头企业集中集聚。同时激励特色明显的中小微企业进入应急产业市场，发挥其灵活创新的优势进行自主研发与生产，构建大中小型应急产业企业协作配套、协同发展的产业格局和生态体系。

### （二）推动产业聚集发展

当前应急产业的发展趋势是整合各种资本、技术、资源，形成具有特色和核心竞争力的产业聚集区，在此趋势的推动下，相关部委联合发布三批共 20 家国家级应急产业示范基地，以引领应急产业的研发、生产和服务。各地区可以通过在

土地政策、资金政策上予以支持，结合自身传统工业产业的优势打造应急产业园，以规模化的生产与经营提升应急产业整体竞争力，打造新的经济增长点，带动相关的产业链。

**（三）做好应急储备制度，稳定应急市场需求波动**

因突发事件的突发性和无规律性，导致应急产品的需求性质非常特殊，一方面具备绝对的市场需求；另一方面又无法准确预估产品的消费时间和数量，单纯依靠市场无法有效、精准地调节应急产品的供给。在公共危机发生之前，特定种类的应急产品需求量不大，一旦突发事件爆发又会在极短时间内需求量大增，如果单纯依靠市场调节，有可能会出现危机时储备量不足或生产过剩造成浪费的情况。特别是一些应用于复杂突发事件的应急产品，技术含量和研发成本高，且部分应急产品只能应用于特定的灾害事故，因此在企业无法根据市场需求预判产品的适宜生产数量时就容易出现突发事件未发生时产品滞销、突发事件爆发后产品储备不够以及事后产能过剩的情况。因此，政府作为应急产品和服务的主要购买者，就需要通过科学规划建立应急产业储备调度体系，以规范的制度做好对应急产业的干预和引导，提前规划和布局行政区域内应急产品的生产、储备和投放规模。

首先要不断充实完善行政区域内的应急产品数据库，以目录、清单等形式明确应急产品的实物储备和生产能力储备，避免应急企业在平时面临高消耗和高管理费用，在需要时又存在调度难、供应不及时等问题；其次政府要及时制定和公开政府应急产品和服务采购需求目录，引导企业调整方向、产量，以及进行应急产品的更新迭代；同时，政府可定期组织专业性评估，结合本地区多发易发灾害事故的类型对各类应急产品储备数量进行科学预判，以政府统一储备配合个人和企业适量储备的模式，利用公共政策和经济政策保持应急产品储备和使用的动态平衡，从市场方面保证应急企业的发展、运行和转型升级。

**（四）做好产学研结合，改善应急企业创新不足问题**

要推动地区应急产业的高质量发展，首先要从科技创新着手，从劳动密集型产业向创新型产业发展，顺应安全风险复杂变化趋势和新一轮全球科技革命需要，进行关键技术和装备的研发生产。

一是要依托企业的专业优势、人才优势和平台优势，梳理应急产业相关企业的技术需求，以及部分重大、新型、高难度灾害事故的产品和装备需求，有针对性开展技术攻关及产品研发，争取研发符合我国突发事件处置需求特点的，具备关键技术和自主知识产权的高性价比产品。

二是以政策扶持充分发挥高校、专业科研院所科技攻关的积极性。鼓励科研人员将大数据、物联网等新兴技术融入应急产业中，在各地区高校和研究机构中着力培养应急相关产业的高素质人才，完善高层次人才引进的制度保障，推动相关领域的国际视野。引导科技研究、产品研发和市场需求有效对接，[1]争取在重大应急特种装备、关键应急装备等方面逐渐与国际标准体系接轨，不断提高应急产业的质量水平。

**（五）强化民营资本的参与意愿**

以产业融资的方式减轻政府的财政负担，以政策激励、政府购买等提升民营资本参与意愿。并通过搭建地区统一的应急产品大数据平台，将应急产品的需求信息与供应信息整合共享，打破应急产品供需衔接的信息屏障，降低应急企业特别是中小企业的风险，以中小企业发展专项资金、风险补偿机制等形式支持中小微企业。

**（六）促进多层次、多渠道的交流合作，增加企业市场活力**

地方政府应积极组织相关部门参加应急产品、服务与技术推广活动，推进产研对接、产需对接、产融对接。搭建面向国际的应急产业合作交流平台，鼓励企业开拓国际市场，引导外资投入应急产业。同时积极鼓励信息科技企业以及物流企业与应急产业交叉合作，发展现代、高效、智能的应急物资物流配送产业，提高极端环境下应急产品的配送效率，发展应急航空、冷链、智能物流产业等，形

---

[1] 常理：《让科技赋能应急产业发展》，《经济日报》2020 年 11 月 8 日。

成产业发展合力。

**（七）加强宣传教育，推广应急产品和服务**

打造地区安全产业文化，从报网微端屏全渠道入手做好民众防灾减灾意识和应急避险技能的宣传教育。强化智能制造在应急产业的应用，促进应急产业实现高端化、智能化、服务化，引导消费观念的转变，通过提升应急品牌自身实力和激发应急产品消费需求，内外部结合扩大应急产品的市场。

**（八）积极拓展安全教育培训市场**

一方面要在地区范围内做好党校（行政学院）、军队及武警院校以及部分高校及科研院所做好应急管理培训教学；另一方面要引入市场机制，灵活探索安全教育培训的普及与深化，通过与咨询、文化等企业合作，运用互联网等现代化手段满足应急教育培训的社会需求。

## 三、做好应急产业发展的人才制度保障

一要加强人才培养。充分利用现有的应急管理相关领域人才培训平台，有针对性地做好应急产业管理人才培育。协调推动建立校、企、政合作共建平台，推进地区高校协同创新中心和重点实验室建设，深化产教融合，打造复合型的应急产业人才团队。

二要推进引才引智计划。制订应急产业专业人才引进计划，加大力度引进与应急产业相关的重点和关键领域的高层次人才，创建国家重点学科、重点实验室或研究中心（所），完善相关配套服务，以高科技人才推动应急产业的高质量发展。

# 参 考 文 献

[1] 闪淳昌，薛澜．应急管理概论：理论与实践[M]．北京：高等教育出版社，2012．

[2] 钟开斌．应急管理十二讲[M]．北京：人民出版社，2020．

[3] 王宏伟．健全应急管理体系探析：从制度优势到治理效能[M]．北京：应急管理出版社，2020．

[4] 高小平，刘一弘．中国应急管理制度创新：国家治理现代化视角[M]．北京：中国人民大学出版社，2020．

[5] 郭济．中央和大城市政府应急机制建设[M]．北京：中国人民大学出版社，2005．

[6] 李晓伟．台湾社区灾害应急管理[M]．北京：中国社会出版社，2014．

[7] 张永理．应急产业及其人才培育研究[M]．北京：知识产权出版社，2017．

[8] 陈建宏．现代应急管理理论与技术[M]．长沙：中南大学出版社，2013．

[9] 詹承豫．从危机管理到风险治理：基于理论、制度及实践的分析[M]．北京：中国法制出版社，2016．

[10] 温克刚，秦元明．中国气象灾害大典（吉林卷）[M]．北京：气象出版社，2008．

[11] 赵琦，陈醉．中国应急管理政策工具类型及其发展沿革——基于中央层面政策文本的分析[J]．兰州学刊，2021（3）：46-62．

[12] 鞠丽华．习近平总体国家安全观探析[J]．山东社会科学，2018（9）：17-22．

[13] 邹积亮．当前应急产业发展的突出问题与路径探讨[J]．经济研究参考，2012（31）：47-51．

[14] 王义保．强化应急管理的统一指挥和统筹协调[J]．群众，2020（8）：11-12．

[15] 吕志奎．当前亟需构建跨区域的应急治理共同体[J]．国家治理，2020（18）：33-35．

[16] 林楠锋．地方政府应急管理协调联动工作研究[D]．中共四川省委党校，2018．

[17] 孙大敏，全芳．对优化应急预案体系的建议[J]．长江论坛，2020（5）：37-41．

[18] 张红太．浅谈全媒体时代重大突发事件舆论引导[J]．军事记者，2020（11）．

[19] 沈苹．试析德国应急管理培训体系的特点及其启示[J]．现代经济信息，2016（3）：70-71．

[20] 陆继锋，曹梦彩，陶玟杉．日本应急防灾知识普及的经验与启示[J]．中国防汛抗旱，2019（5）：48-53．

[21] 赵玉霞，王冰．日本应急管理培训对我国党校（行政学院）培训工作的启示[J]．山东行政学院学报，2019（5）：19-24．

[22] 宋云超．关于借鉴日本应急志愿服务机制的思考[J]．法制与社会，2014（27）：184-188．

[23] 张勤，艾小燕．志愿服务在重大突发事件中的应急联动新探索[J]．中国行政管理，2020（10）：147-152．

[24] 顾令爽，杨小林，刘涛，等．日本防灾对策及应急管理体系对中国的启示[J]．改革与开放，2017（15）：59-61．

[25] 谷春江．农村（社区）基层应急队伍建设研究[J]．农家参谋，2021（4）：7-8．

[26] 施生旭，周晓琳，郑逸芳．韧性社区应急治理：逻辑分析与策略选择[J]．城市发展研究，2021，28（3）：85-91．

[27] 林海彬．应急管理中地方政府与社会组织协调的张力及其弥合[J]．广东行政学院学报，2021，33（2）：31-36．

[28] 高芙蓉．社会资本视域下社会组织参与应急治理的路径研究[J]．河南社会科学，2020，28（2）：99-104．

[29] 卢文刚，郑薇．社会组织参与应急管理的探索、困境及改进建议——基于广

东省深圳市的调研[J]．社会治理，2021（3）：77-82．

[30] 郭其云，文能，周梅捧．关于区域性应急救援队伍建设的几点思考——以湖南省长株潭地区应急救援队伍建为例[J]．中国应急救援，2019（6）：10-13．

[31] 郭其云，邓彪．关于我国基层综合应急救援队伍建设的几点思考[J]．城市与减灾，2021（1）：14-18．

[32] 冯桂，张远，冯银均，等．新时代背景下社会应急救援队伍建设的思考[J]．科技与创新，2020（4）：103-104，107．

[33] 丛晓男，季俊宇．我国应急产业发展回顾及“十四五”时期高质量发展路径思考[J]．中国应急管理科学，2020（10）：74-84．

[34] 冯双剑，王强军，张志锋．发挥央企五大优势 服务应急新格局[J]．中国应急管理，2021（4）：70-73．

[35] 刘锐，刘磊．权责分立与风险分配：网格化管理困境分析[J]．求实，2020（6）：42-56，108．

[36] 吕童．网格化治理结构优化路径探讨——以结构功能主义为视角[J]．北京社会科学，2021（4）：106-115．

[37] 盘世贵．借助网格化管理推进我国应急管理新常态建设[J]．学术论坛，2015，38（9）：120-124．

[38] 米利群，徐莹．城市突发公共事件网格化管理与构建应急互助圈研究[J]．辽宁行政学院学报，2014，16（5）：16-17，19．

[39] 吴蔚．推进网格化管理和服务，提升农村社区应急管理能力[J]．决策咨询，2020（5）：85-88．

[40] 何国永，单滨新．再塑重大突发事件舆论场的主流媒体公信力——以绍兴市新闻传媒中心战疫报道为例[J]．中国广播电视学刊，2020（5）：38-41．

[41] 路鹃，李翰哲．北京市社区居民媒介素养现状调查及提升路径探析[J]．现代传播，2021，43（2）：156-161．

[42] 王学俭，靳海龙．大数据时代大学生媒介素养提升研究[J]．思想政治教育研

究，2020，36（6）：142-146.

[43] 严小芳. 移动互联网背景下网络舆情监测面临的困境及对策建议[J]. 传媒，2021（8）：74-76.

[44] 臧海平. 舆情监测和分析的难点及对策[J]. 青年记者，2019（19）：17-18.

[45] 李瑞昌. 技术赋能城市综合应急管理的路径[J]. 求索，2021（3）：118-125.

[46] 张超等. 城市公共安全风险评估情景构建标准研究[J]. 标准科学，2020（6）：25-30.

[47] 钟开斌. 以重大风险情景构建做好巨灾应急准备[J]. 中国减灾，2021（1）：31.

[48] 林琳. 基于情景构建的公共安全风险沟通策略研究[J]. 中国安全生产科学技术，2020（16）：43-48.

[49] 张海波. 应急管理中的跨区域协同[J]. 南京大学学报，2021，58（1）：102-110，161.

[50] 雷晓康，安静，张茜茜. 跨区域突发事件中地方政府内部应急协作的情景构建分析与优化策略[J]. 中国行政管理，2019（4）：145-150.

[51] 杜明鸣. 应急管理表彰奖励的法制建设及其体系建构[J]. 中国人事科学，2020（10）：4-12.

[52] 吴卫明，吴俐. 全面信息安全与数据合理利用——简评《数据安全法（草案）》[J]. 信息安全与通信保密，2020（8）：23-28.

[53] 滕亚为，赵传方. 应急管理法治体系的完善路径[J]. 重庆行政，2021，22（1）：72-75.

[54] 张健，陈曦，王洋，等. 吉林省主要农业气象灾害及服务措施研究[J]. 南方农机，2020，51（17）：82-83.

[55] 薛澜. 学习四中全会《决定》精神，推进国家应急管理体系和能力现代化[J]. 公共管理评论，2019，1（3）：33-40.

[56] 钟开斌. 国家应急管理体系：框架构建、演进历程与完善策略[J]. 改革，2020（6）：5-18.

[57] 钟雯彬．《突发事件应对法》面临的新挑战与修改着力点[J]．理论与改革，2020（4）：24-37．

[58] 钟开斌．中国应急管理体制的演化轨迹：一个分析框架[J]．新疆师范大学学报：哲学社会科学版，2020，41（6）：73-89．

[59] 钟开斌．组建应急管理部的现实意义[J]．紫光阁，2018（4）：35-36．

[60] 高小平，刘一弘．应急管理部成立：背景，特点与导向[J]．行政法学研究，2018（5）：29-38．

[61] 王晓明，倪惠，周淑香．吉林省冰雹灾害时空分布规律及特征分析[J]．灾害学，1999（3）：51-55．

[62] 逯惠艳．社区公共卫生应急管理问题研究[J]．行政与法，2021（9）：60-67．

[63] 逯惠艳．提高社区应急效能 助力基层减灾建设[J]．新长征，2023（1）：25-26．

[64] 张岩．地区应急产业发展现状及对策[J]．合作经济与科技，2022（24）：178-179．

[65] 王久平．立足当前 着眼长远 整体规划 科学构建应急管理法制体系[J]．中国应急管理，2019（11）：30-33．

[66] 陈珑凯，梁虹，唐敏康．应急管理协调的痛点、难点和着力点[J]．中国公共安全：学术版，2019（4）：54-58．

[67] 高国生．坚持以法治为统领，推进应急管理体系和能力现代化[EB/OL]．（2020-11-30）[2023-06-12]．https://ll.gansudaily.com.cn/system/2020/11/30/030215977.shtml．

[68] 荀纪伟．吉林省主要气象灾害[EB/OL]．（2020-05-12）[2023-07-11]吉林科普公众号．https://mp.weixin.qq.com/s/AIBIUawZTKkzv2pmBEUmjA．

[69] 王丽伟，任景全，黄晓龙，等．吉林省近 55 年沙尘暴，扬沙，浮尘空间分布特征[C]//第 34 届中国气象学会年会 S1 灾害天气监测、分析与预报论文集，2017．

[70] 薛澜．应急管理体系现代化亟待解决的问题[N]．北京日报，2020-01-11．

[71] 楚亚美. 社会组织有序参与应急救灾的影响因素研究[D]. 南京：南京师范大学，2020.

[72] 段亚丹. 民营资本参与应急产业发展的 PPP 合作模式研究[D]. 成都：西南交通大学，2017.

[73] 刘蕾. 志愿者组织参与灾害救助研究[D]. 广州：暨南大学，2011.

[74] 韦伟强. 中国危机管理法制化研究[D]. 上海：华东师范大学，2008.

[75] 刘泽. 习近平总体国家安全观研究[D]. 长春：长春工业大学，2019.

[76] 丁鹏玉. 中国应急产业竞争力及发展演化研究[D]. 北京：北京交通大学，2020.

[77] 刘吉平. 吉林省主要农业气象灾害的地域组合规律及其预测[D]. 长春：东北师范大学，2002.

[78] 杜建斌. 旱灾对我国粮食主产省粮食产量的影响及抗旱对策研究[D]. 北京：中国农业科学院，2020.